ESTAMPES

ET

DESSINS

CONDITIONS DE LA VENTE

La vente se fera au comptant.

Les acquéreurs payeront *cinq pour cent* en sus des adjudications applicables aux frais.

L'expert chargé de la vente se réserve la faculté de rassembler ou de diviser les lots.

ORDRE DES VACATIONS

Lundi **10 Mars**. — Estampes.......... Nos 177 à 407

Mardi **11** — — Estampes.......... Nos 408 à la fin.

Mercredi 12 — — Dessins.......... Nos 1 à 176

COLLECTION DE M. D.

CATALOGUE

D'ESTAMPES

ET

DESSINS

DE TOUTES LES ÉCOLES

RELATIFS AU COSTUME, DU XVIe AU XVIIIe SIÈCLE

Et dont la vente aux enchères publiques aura lieu

HOTEL DES COMMISSAIRES-PRISEURS, RUE DROUOT, N° 9

SALLE N°. 4

Les Lundi 10, Mardi 11 et Mercredi 12 Mars 1884

A UNE HEURE ET DEMIE PRÉCISE

Me MAURICE DELESTRE	**M. CLEMENT**
COMMISSAIRE-PRISEUR	MARCHAND D'ESTAMPES DE LA BIBLIOTHÈQUE NATIONALE
Rue Drouot, n° 27.	Rue des Saints-Pères, n° 3

EXPOSITION PUBLIQUE

Le Dimanche 9 Mars 1884

DE DEUX HEURES A CINQ HEURES

L'Amateur érudit qui, pendant de longues années, a formé
patiemment cette Collection d'estampes et de dessins, avait
pour but de réunir les spécimens les plus curieux de toutes
les Écoles, relatifs aux costumes du xvie au xviiie siècle.

Cette Collection n'a pu être terminée et présente malheu-
reusement des lacunes regrettables et difficiles à combler
aujourd'hui dans les estampes du xvie siècle. Les époques
Louis XIII et Louis XIV y sont assez bien représentées, non
seulement par les maîtres qui ont dessiné avec le plus de
vérité les costumes du temps, mais de plus par un grand
nombre de pièces anonymes extrêmement rares sur les
mœurs et coutumes. Le xviiie siècle présente un ensemble
très satisfaisant au point de vue du nombre, de la variété et
du choix des pièces ; on a joint avec raison quelques-unes des
jolies estampes en couleur si justement appréciées comme *La
Promenade publique*, de Debucourt, par exemple, qui donne
une idée fort juste des modes du temps. Mais nous ne vou-
lons rien citer ici ; chacun pourra trouver dans le présent
Catalogue les détails nécessaires sur les pièces qui peuvent
l'intéresser.

Nous croyons inutile d'insister sur l'intérêt qui s'attache à une collection de ce genre. De nos jours, l'Histoire du costume est l'objet de recherches constantes et d'études qui répondent à la fois au goût et à la curiosité des gens du monde, aussi bien qu'aux besoins des artistes qui veulent faire vrai et qui puisent, pour leurs compositions, de précieux renseignements dans ces documents des temps passés.

DÉSIGNATION

DESSINS

ANONYMES

1 — M. Duplessis donnant la chasse aux jeunes filles, — La Promenade à la Courtille.

    Deux dessins à la plume.

2 — Femme debout appuyée sur un piédestal.

    A la plume.

3 — Le Souper fin, d'après Moreau.

    Aquarelle.

4 — Une Femme à la promenade donne la charité à un jeune balayeur.

    Au crayon noir. Dessin par C. Vernet. A été gravé par Debucourt.

5 — Un Banquet.

    A la plume.

6 — Départ pour la promenade.

    Au lavis d'encre de Chine.

7 — Hollandaises, dessinées à Anvers.

    Deux dessins au lavis d'encre de Chine.

BARTHÉLEMY, AN IX

8 — Études de femmes en costume antique, quatre sujets sur une même feuille, pour costumes de tragédie.

    Au crayon noir et aquarelle.

BEGA (C.)

9 — Différents croquis sur une même feuille.

A la plume.

BOILLY

10 — Portrait de Boilly.

Au crayon noir, rehaussé de blanc, daté : 1er octobre 1799.

11 — La Laitière.

Beau dessin au crayon noir, rehaussé de blanc.

12 — Jeune Femme assise, jouant de la mandoline.

Beau dessin au crayon noir et fusain.

13 — Jeune Femme assise, jouant de la mandoline.

A la mine de plomb.

14 — Jeune Fille à mi-corps, faisant un geste de la main gauche.

Au crayon noir et lavis d'encre de Chine, a été gravé.

15 — Portrait de Mlle Duchesnois.

Au crayon noir et lavis d'encre de Chine.

16 — Jeune Mère à la promenade avec ses filles, suivies d'un domestique. Composition de quatre figures.

Au lavis d'encre de Chine.

17 — Portrait d'un Représentant du peuple.

Au crayon noir, rehaussé de blanc.

BONNART (N.)

18 — Jeune Seigneur en costume du règne de Louis XIV.

A la sanguine, dans un cadre en bois sculpté.

BOSIO (D.)

19 — Les Glaces, — Le Déjeuner froid.

Deux compositions de six figures chacune, faisant pendants, ont été gravées.

A la plume et lavis de bistre, avec rehaut de blanc.

BOUCHARDON (Edme)

20 — Jeune Garçon debout, tenant un papier à moitié déroulé, titre pour la troisième suite des *Cris de Paris*.

A la sanguine.

BOUCHER (F.)

21 — Tête de jeune Fille endormie.

Au crayon noir rehaussé de blanc.

BOUCHER (d'après)

22 — Bergers au repos. Composition de trois figures.

Au crayon noir.

BRUYN (N. de)

23 — Jésus présenté au peuple.

A la plume et lavis d'aquarelle.

24 — Sujet biblique.

Beau dessin au lavis d'encre de Chine.

CARAFFE (A.)

25 — Scène égyptienne, dessinée au Caire, en 1790.

Au lavis d'encre de Chine et d'aquarelle.

CARMONTELLE (L.-C. de)

26 — Portrait de M. de Chalut de Saint-Verin.

Fermier général, écuyer du Roi, maître d'hôtel de la reine Marie-Antoinette. Il est représenté debout, un genou appuyé sur une chaise et déclamant sa tragédie de l'amiral Binck, sur la terrasse du château de Saint-Cloud, en 1760.

Aquarelle.

27 — Etudes de femmes debout, en costumes du XVIIIe siècle.

Deux dessins à la sanguine.

CHARDIN (S.)

28 — Femme assise, filant.

Aux trois crayons.

CHODOWIECKI

29 — Costumes d'homme et de femmes.

Trois dessins au lavis d'encre de Chine.

COCHIN?

30 — Un Danseur.

Au crayon noir.

CŒURÉ

31 — La Marchande de pommes, — La Marchande de raisins.

Deux dessins faisant pendants. Au lavis d'encre de Chine. Signés.

COSTUMES

32 — Costumes d'hommes et de femmes vers 1810.

Sept dessins au crayon noir; ont été gravés.

33 — Incroyable dansant.

Au lavis d'encre de Chine et d'aquarelle.

34 — Costumes de femmes, pour comédie.

Huit dessins à la plume.

DEBUCOURT (P.-L.)

35 — Un Bal public.

Joli dessin à la plume, a été gravé.

36 — Costumes. Neuf croquis sur une même feuille.

A la plume.

DEFLEUVAUGE

37 — Atelier d'enfants.

Au lavis de bistre et d'aquarelle. Signé et daté 1781.

DEMARTEAU

38 — Jeune Fille en buste, d'après Boucher.

A la sanguine.

DENON (le Baron)

39 — Le Jugement de Pâris.

Caricature du portrait de Denon et de celui de trois beautés de son temps. A la plume.

DESRAIS (C.-L.)

40 — Costumes. Très curieuse composition en forme du jeu
de l'oie où sont représentés soixante-trois costumes
d'hommes et de femmes des plus curieux du xviiie siècle.

A la plume et lavis de bistre; a été gravé.

41 — Portrait de l'impératrice Marie-Louise, représentée en
buste, avec le manteau impérial.

Beau dessin à la plume et lavis de bistre, rehaussé de blanc.

42 — La Femme mise à la raison et corrigée par son mari, —
Monsieur et Madame Brise-ménage, ou la Femme et le
mari colères.

Deux beaux dessins faisant pendants, à la plume et lavis de bistre;
ont été gravés.

43 — Henri IV chez le meunier. Composition de dix figures.

A la plume et lavis de bistre.

44 — L'Enfant prodigue chassé d'une maison de jeu.

Importante composition de douze figures. A la plume et lavis de
bistre, rehaussé de blanc.

45 — *Suites d'un souper.* Dans un riche intérieur un homme
assis sur un canapé, entre deux femmes, tient un verre à
la main, dans le fond à gauche, on voit des valseurs.

Beau dessin à la plume et lavis de bistre.

46 — Nous sommes sept. Caricature sur Polichinelle, Arlequin
et Pierrot.

A la plume et lavis de bistre; a été gravé.

47 — Sainte Fainéante, représentée par une jeune femme
couchée sur un divan.

A la plume et lavis de bistre.

48 — La Découverte du réfractaire. Composition de trois
figures.

Au lavis d'encre de Chine; a été gravé.

49 — Jeune femme posant un vase de fleurs sur une table.

A la mine de plomb.

50 — Costume de femme, pour le théâtre.

A la plume.

DEVERIA (A.)

51 — École de danse.

A la plume et lavis de bistre.

DIETRICY

52 — Vieillard assis devant une table.

A la sanguine.

DIVERS

53 — Costumes de divers pays d'Europe.

Dix dessins à la plume, sur papier calque.

54 — Costumes civils et militaires, par Parrocel, Callot et autres.

Huit dessins à la plume, au bistre et sanguine.

55 — Études de têtes, — Les Joueurs de boules, — La Lecture, etc.

Quatre dessins au lavis d'encre de Chine et de bistre.

56 — Costumes des xvi° et xvii° siècles, — Portraits d'après Van Dyck, — Un Concert, — Portrait par Rigaud, costume du xviii° siècle, etc. Huit dessins.

57 — Costumes 1823-1850, — Costumes par J. Amman et della Bella, etc. Sept dessins.

58 — Costumes de théâtre et autres.

Onze dessins modernes.

59 — Coiffures et Costumes.

Quatre dessins au lavis d'aquarelle et de bistre.

60 — Costumes et sujets.

Cinq dessins.

61 — Costumes et croquis, par Boilly, Watteau, Lanté, etc.

Huit dessins.

62 — Portraits des xvi° et xvii° siècles.

Quatre dessins.

DROUAIS

63 — Portrait de Madame, fille de Louis XVI, enfant.

A la sanguine.

DUCHÉ DE VAUCY

64 — Bustes de jeunes Femmes avec coiffures.

Deux dessins au crayon noir.

DUCLOS (A.-J.)

65 — Jeune Fille en réflexion, représentée à mi-corps, la tête appuyée sur sa main.

A la sanguine, dans un cadre en bois sculpté.

DUPLESSIS-BERTAUX

66 — Départ d'un Prince, dans une calèche attelée de huit chevaux.

Dessin de forme ronde au lavis de bistre.

ÉCOLE DE GOLTZIUS

67 — Un Concert au bord d'une rivière.

Au lavis d'encre de Chine et de bistre.

ÉCOLE ITALIENNE

68 — Deux Femmes debout, dont une porte un enfant.

A la plume et lavis d'indigo.

ÉCOLE FRANÇAISE DU XVIIe SIÈCLE

69 — Une Scène de comédie. Composition de six personnages en pied.

A la plume et lavis de bistre et sanguine.

69 bis — Calèche attaquée par des brigands.

Beau dessin au lavis de bistre, rehaussé de blanc.

ÉCOLE FRANÇAISE DU XVIIIᵉ SIÈCLE

70 — Le Lever, — La Toilette.

Deux dessins faisant pendants représentant le lever et la toilette d'une petite maîtresse.
Au lavis d'aquarelle.

71 — Grande Place, avec fontaine au milieu, — Grande Place publique avec monuments.

Deux dessins faisant pendants, animés d'un grand nombre de figures, genre Watteau.
A la plume.

72 — Vue de la place de Turin.

Monuments dans le fond, sur le devant un grand nombre de personnages.
A la plume et lavis d'encre de Chine.

73 — Jeune Femme en pied, assise dans un parc, la tête recouverte d'une mantille.

Beau dessin au lavis d'encre de Chine.

74 — A la promenade.

Aquarelle.

75 — Quatre Études sur une même feuille, pour un portrait d'homme.

A la plume.

76 — Homme assis dans son cabinet.

A la plume et lavis d'encre de Chine.

77 — Une Foire.

Beau dessin à la plume.

78 — Assemblée galante dans un parc.

Au lavis de bistre et d'encre de Chine.

79 — Portrait d'une jeune Femme, représentée en buste, de forme ovale.

A la sanguine.

80 — Costumes de l'école de Watteau, — Étude de portraits d'officiers, par Parrocel, etc., etc.

Sept dessins au crayon noir, sanguine et lavis de bistre.

ÉCOLE FRANÇAISE DU XVIIIᵉ SIÈCLE

81 — Costumes et compositions, par Delarue, Gillot, Boucher et autres.

Cinq dessins à la sanguine, crayon noir et lavis de bistre.

ÉCOLE FRANÇAISE DU XIXᵉ SIÈCLE

82 — Jeune Femme assise, — Jeune Femme avec son enfant, — Portrait de Femme en buste, — Femme assise, cousant.

Quatre dessins à la mine de plomb et lavis de bistre.

FRAGONARD (H.)

83 — Jeunes Garçons et jeunes Filles.

A la plume et lavis de bistre.

FRAGONARD (A.)

84 — Jeune Femme sur un canapé se faisant essayer des pantoufles.

Au lavis de bistre, rehaussé de blanc.

GILLOT (Claude)

85 — Les Acteurs de la Comédie-Italienne représentés dans leurs différents rôles.

Suite de douze très beaux dessins grand in-4° à la sanguine, en bas de chaque dessin, le nom de l'acteur représenté.

86 — Costumes.

Trois dessins à la sanguine.

87 — Costumes.

Deux dessins à la sanguine.

GUERCHIN

88 — Une Sibyle.

A la plume.

HERDELOFF

89 — Le Menuet.

A la plume et sanguine.

HUBERT-ROBERT

90 — Intérieur d'un Palais, servant de remise, sur le devant un artiste dessinant.

Au crayon noir et sanguine.

HUET (J.-B.)

91 — L'Abondance.

A la sanguine.

92 — Caravanes au repos.

Deux dessins en forme de frises. A la plume et lavis de bistre, signés.

ISABEY

93 — Le Menuet.

A la mine de plomb, a été lithographié par Isabey.

JACQUE

94 — Portrait de Mlle Mars dans le rôle de Betty.

Au crayon noir, rehaussé de blanc. A été gravé.

JEAURAT

95 — La Lecture, composition de deux figures.

Au lavis d'encre de Chine et sanguine.

96 — Homme assis.

Au crayon noir, rehaussé de blanc.

LAFFITTE

97 — Retour de l'Enfant prodigue, — Le Festin.

Deux dessins faisant pendants, au lavis de bistre et à la plume.

LAGRENÉE

98 — Sujets bibliques.

Deux dessins faisant pendants, à la plume et lavis d'encre de Chine.

99 — Jeune Fille assise, une couronne de roses dans les cheveux.

A la sanguine.

LANCRET (Nicolas)

100 — Jeune Femme en pied, vue de dos.

Au crayon noir.

101 — Études de deux Femmes assises, sur une même feuille.

Au -rayon noir, rehaussé de blanc.

LARGILLIÈRE

102 — Portrait de Femme, représentée à mi-corps, avec fleurs dans les cheveux.

Au crayon noir et sanguine, rehaussé de blanc.

103 — Portrait de Femme assise.

A la sanguine, rehaussé de blanc.

LE BARBIER

104 — Un Marchand d'esclaves.

A la plume et lavis d'encre de Chine et de bistre.

LECLERC

105 — Jeune Femme debout, faisant un geste de la main droite.

Au crayon noir, rehaussé de blanc.

LE FÈVRE (M.)

106 — Costume de bayadère.

A la plume et à l'aquarelle.

LEGRAND

107 — Fête de famille.

Au crayon noir.

108 — Portraits de Femmes.

Quatre dessins au crayon noir et sanguine.

LÉLU (P.)

109 — Leçon de chant. Composition de deux figures.

A la plume.

2

LEPICIÉ

110 — Études de Femmes assises.

Deux dessins faisant pendants. Au crayon noir rehaussé de blanc, sur papier rose.

LE PRINCE (J.-B.)

111 — Deux Paysans russes dans leur chaumière.

A la plume et lavis de bistre.

112 — Voyageurs en Russie.

Au lavis de bistre, rehaussé de blanc.

113 — Intérieur d'une famille russe.

Au lavis d'encre de Chine.

MALLET

114 — Quand la misère entre, l'amour s'envole. Composition de quatre figures.

Au lavis de bistre et d'aquarelle.

115 — Jeune Femme assise dans un parc.

Au crayon noir sur papier bleu.

MAROT (DANIEL)

116 — Le Clystère. Composition de sept figures.

A la plume et lavis d'encre de Chine.

MARTINET

117 — Le Débiteur à la mode. Composition de six figures.

A la plume.

118 — Les Patineurs.

A la plume et lavis de bistre.

119 — A l'Eglise.

A la plume et lavis d'encre de Chine.

120 — Pension de jeunes filles à la promenade.

A la plume et lavis de bistre.

121 — Les Anglais à Paris.

A la plume et lavis d'encre de Chine.

MARTINET

122 — Une Rencontre.

Au crayon noir. Ce dessin ainsi que les précédents ont été gravés dans la suite des caricatures parisiennes.

MASSELLI

123 — Scènes galantes et de la vie intime.

Cinquante-cinq dessins à la plume.

MIGNARD

124 — Portrait de Mme de Lavallière.

Au crayon noir, rehaussé de blanc.

MINIATURES

125 — Costumes de femmes, xviiie siècle.

Cinq miniatures sur velin.

MONNET

126 — Offrande à l'amour.

Beau et important dessin en largeur, au crayon noir et sanguine.

NATTIER (J.-M.)

127 — Portrait de Femme à-mi-corps, vue de face.

Au crayon noir, rehaussé de blanc.

PANELLA

128 — Un Marché de bestiaux dans une ville espagnole.

Au lavis d'aquarelle.

PARROCEL

129 — Portraits de quatre officiers, sur une même feuille.

Au crayon noir et sanguine.

130 — Officier donnant des ordres.

Au crayon noir.

131 — Jeune Homme debout, tenant une épée.

Au crayon noir rehaussé de blanc.

132 —

PARROCEL

X 132 — Cavalier armé.
A la sanguine.

PESARO (Nicolo da)

133 — Moines à l'entrée d'un couvent.
Au lavis de bistre.

PICART (Bernard)

134 — Cérémonies religieuses des habitants de l'Hindoustan,
du Mexique, du Pérou et de l'Afrique.

Six dessins, au lavis d'encre de Chine, signés et datés de 1722, ont
été gravés par B. P. dans son livre : Cérémonies religieuses.

PIGAL

X 135 — Carresser le magot. Composition de trois figures.
Au crayon noir, rehaussé de blanc.

136 — Le Mariage, — Le Désir accompli.
Deux dessins à la mine de plomb.

QUEVERDO

137 — Le Printemps. Une jeune Femme, assise dans un jar-
din, reçoit des fleurs d'un jeune homme à genoux près
d'elle.
Au crayon noir et sanguine, de forme ronde.

RIGAUD

X 138 — Portrait de Femme à mi-corps.
Au crayon noir, rehaussé de blanc.

139 — Les Enfants de France.
Au crayon noir, rehaussé de blanc, sur papier bleu.

ROEHN

140 — Une Soirée de dames, — Un Souper d'hommes.
Deux dessins faisant pendants, à la plume et lavis d'encre de Chine;
ont été gravés.

ROWLANDSON

141 — Jeune Femme assise.
A la plume et lavis d'encre de Chine.

142 — Jeune Femme debout enlevant la perruque d'un vieillard assis sur un canapé.
A la plume et aquarelle.

SABLET (J.)

143 — Les Vénitiennes, — La Vente des Saucissons.
Deux dessins faisant pendants, au lavis d'encre de Chine et d'aquarelle.

SAINT-AUBIN (AUG. DE)

144 — Jeune Femme jouant de la mandoline.
A la plume.

145 — Une Visite.
Beau dessin au crayon noir.

SAINT-PHAR

146 — Deux Hommes portant une chaise à porteur.
A la sanguine.

SCHEFFER (A.)

147 — Les Demoiselles de Saint-Cyr jouant la comédie devant Louis XIV et Mme de Maintenon.
Au crayon noir.

SCHENAU

148 — Concert dans un parc. Composition de six figures.
A la plume et lavis d'encre de Chine.

149 — Portrait de Femme, en buste avec haute coiffure.
Aux trois crayons.

150 — Portrait d'une jeune Femme, en buste, un fichu sur les épaules.
Au crayon noir et sanguine.

SCHENAU

151 — Portrait d'Homme.

Au crayon noir et sanguine.

152 — Une Cour de ferme.

Au lavis de bistre, rehaussé de blanc.

153 — Jeune Femme, tenant son enfant, et lui montrant une pomme.

A la sanguine, rehaussé de blanc.

154 — Jeune Femme en grande toilette, jouant de la harpe.

Au crayon noir, rehaussé de blanc.

155 — Buste de Femme.

A la sanguine.

LE TITIEN

156 — Différents Personnages debout, sur une même feuille. Composition de dix figures.

A la plume.

DE LA TOUR (Maurice-Quentin)

157 — Étude pour un Portrait d'homme assis, le coude appuyé sur une table.

A la pierre noire, rehaussé de blanc, sur papier bleu.

TRINQUESSE

158 — Jeune Femme assise, lisant.

Beau dessin à la sanguine, dans un cadre en bois sculpté.

159 — Jeune Femme en pied, vue de face.

A la sanguine, contre épreuve.

160 — Portrait de Femme assise, vue de face.

A la sanguine.

161 — Jeune Femme assise, lisant.

Au crayon noir, rehaussé de blanc.

TROOST

162 — Une Cuisinière hollandaise.

Aux trois crayons, daté de 1799.

VANLOO

163 — Mlle Clairon, représentée en pied, dans un de ses rôles, en haut, la Renommée et deux amours.

Au crayon noir et lavis d'encre de Chine.

VERNET (C.)

164 — Un Incroyable. Il est debout appuyé sur une canne et tenant son chapeau à la main.

Au lavis d'encre de Chine et d'aquarelle. A été gravé.

165 — Les Gastronomes sans argent.

Au lavis d'encre de Chine, a été gravé par Coqueret.

166 — Deux Incroyables à la promenade.

A la plume et sanguine. Au verso, autre étude de femme.

VINCENT

167 — Jeune Femme assise sur une chaise.

Au crayon noir, rehaussé de blanc, sur papier bleu.

168 — Jeune Fille en pied, assise dans un fauteuil.

Au crayon noir, rehaussé de blanc.

169 — Homme assis, réfléchissant.

Au crayon noir, sur papier bleu.

170 — Jeunes Hommes debout.

Deux dessins au crayon noir.

WAGNER (O.)

171 — A la Sortie d'une église.

A la plume et lavis d'encre de Chine.

WATTEAU (Ant.)

172 — Homme debout.

Croquis à la sanguine.

WATTEAU (L.)

173 — Promenade au foyer, dans un théâtre, vers 1785.

Beau dessin au lavis de bistre, rehaussé de blanc, cadre en bois sculpté.

WATTEAU (L.)

174 — Une Partie de campagne.

Au lavis d'encre de Chine et d'aquarelle.

WATTIER (ÉMILE)

175 — Dessins pour vitraux et autres.

Au lavis d'aquarelle. 16 dessins.

WILLE (P.-A.)

176 — Jeune Fille en extase.

A la sanguine, contrepreuve, signée et datée de 1783.

ESTAMPES

ALDEGRAVER (HENRI)

177 — L'Enseigne. 1540 (B. 177). Belle épreuve.

178 — Les Danseurs de noce. 1538. Suite de douze estampes (B. 160-171). Belles épreuves.

ANONYMES (XVIᵉ SIÈCLE)

179 — Quatre Costumes du XVIᵉ siècle imprimées sur étoffe. Encadrées.

180 — Estampe gravée sur bois, sur laquelle sont représentés différents tours d'acrobates.

ANONYMES (XVIIIᵉ SIÈCLE)

181 — Coeffures depuis 1589 à 1770 et coeffures diverses de 1770 à 1776. Suite de quarante pièces. En regard de chaque sujet, dans un cartouche, des vers sur chaque coeffure. Collection très rare. Superbes épreuves.

182 — Mˡˡᵉ *Contat*, de la Comédie-Française, dans le rôle de Susane, du *Mariage du Figaro*, — Mᵐᵉ Saint-Huberti, de l'Académie royale de musique. Deux portraits in-8º en couleur faisant pendants. Belles épreuves avec marges.

AUBERT (J.)

183 — Le Fou de carnaval, d'après Bloemaert. Belle épreuve.

AUBRY (Pierre), 1596-1666

184 — Différents métiers représentés par des hommes debout, ayant en regard de chacun une demoiselle debout. Les deux sur une même feuille; dans les fonds, les attributs de chaque métier. En bas, des vers français et allemands. Douze pièces. Très belles épreuves.

AUDRAN (Gérard)

185 — Guillaume, de Limoges (R. D. 68). Très belle épreuve.

BAR (.-Gu.)

186 — Recueil de tous les costumes monastiques, religieux et militaires de toutes les nations, avec un abrégé historique, etc., par M. Bar. Trois cent neuf pièces en noir et en couleur, avec texte.

BARGAS

187 — Paysages et foire hollandaise. Trois pièces. Belles épreuves.

BASAN (d'après)

188 — Les Saisons. Suite de quatre pièces publiées chez la Vve Chereau. Très belles épreuves.

BASSET (A Paris, chez)

189 — Costumes français. Deux pièces coloriées. Rares.

BASSET et CHÉREAU (chez)

190 — La brune Alison, — La pensive Euphrosine, — L'imposante Cléricourt, etc. Cinq pièces. Costumes de femmes, coloriés. Rares.

BAUDOUIN (d'après P.-A.)

191 — Le Carquois épuisé, par N. de Launay (E. B. 11). Très belle épreuve.

BAUDOUIN (d'après P.-A.)

192 — Le Désir amoureux, par D. Mixelle (E. B. 19). Très belle épreuve, en couleur. Remargée.

BEGA (d'après)

193 — Le Peintre, gravé par Keyl. Belle épreuve, marge.

BELLE (ÉTIENNE DE LA)

194 — Le Reposoir. In-fol. en largeur. Très belle épreuve du premier état, avant l'adresse de Witherhout. Marge.

195 — Montjoye Saint-Denis, roy d'armes de France. In-8° en pied. Très belle épreuve.

BENOIST (ANTOINE)

196 — Nouveau livre représentant des promenades champêtres, inventé et gravé par Antoine Benoist. A Paris, chez Chereau, rue Saint-Jacques, au grand Saint-Remy. Suite de cinq pièces. Très belles épreuves. Marges.

197 — L'Escarpolette. Jolie pièce in-4° en largeur. Belle épreuve.

BERAIN (J.)

198 — Habit d'indien du ballet du Triomphe de l'Amour, — Habit d'Hermione qui a servi dans l'opéra de *Cadmus*, — Habits des nymphes de la suitte d'Orithée du balet du *Triomphe de l'Amour*, — Habit d'Andimion du balet du *Triomphe de l'Amour*, — Habit d'Indienne du balet du *Triomphe de l'Amour*, — Habits d'Indiens du balet du *Triomphe de l'Amour*, — Habit de baccantes. Sept pièces in-fol. gravées par Dolivar et Lepautre. Très belles épreuves. Marges.

199 — Habit représentant le mistere au balet du *Triomphe de l'Amour*, gravé par Jacques le Pautre. Très belle épreuve. Marge.

BERTAUX

200 — Impromptu du chevalier de, à l'occasion de la fête d'un Nicolas. Belle épreuve. Marge.

BINET (d'après)

201 — La Solitude agréable, par Dugast. Très belle épreuve. Marge.

202 — La Colonnade. Pièce curieuse représentant une très grande réunion de dames galantes se promenant dans la galerie du Palais-Royal. Très belle épreuve.

203 — Présentation d'une jeune fille dans une maison de tolérance. Jolie pièce curieuse pour les costumes. Épreuve avant toutes lettres.

204 — Vignettes pour les œuvres de Rétif de la Bretonne, *le Paysan et la Paysanne pervertis*, etc. Cinq pièces, dont quatre avant la lettre.

BLANCHARD

205 — Le Sérail parisien ou le bon ton de 1802, d'après Naudet. Très belle épreuve.

BOILLY (L.)

206 — Le second mois, — Le neuvième mois, — La bonne petite Sœur, — La Récompense, — La Punition, — Le Printemps, — le petit Jaloux, — Les Papillotes, — Les Oreilles percées, etc. Dix pièces.

207 — Le Départ, — Le Retour, — Et l'Ogre l'a mangé, — Vous serez heureux en ménage, — La Distraction, — La bonne Aventure, — Le Mendiant, — La Vieleuse, — La Chiffonnière, — La petite Flanelle. Dix pièces.

208 — La Rosière, — La Mariée, — Les petits Ramoneurs, — Les Papillotes, — Le Neuvième mois, — Réjouissances publiques, — Le Baume d'acier, — Les Cancans, — La Marchande de beignets, — Les Cornes, etc., etc. Trente pièces.

BOILLY (d'après)

209 — Le Bouquet chéri, par A. Chaponnier. Superbe épreuve avant la lettre. Marge.

210 — Réunion d'artistes, par A. Clément. Très belle épreuve avec le trait explicatif. Marge.

BOISSARD (J.-J.)

211 — Suite de cinquante-huit pièces et un frontispice représentant des costumes des principales villes d'Italie et d'Orient. Sur chaque feuille sont représentés trois personnages en pied. Sur le frontispice sont représentés les portraits en bustes, dans deux médaillons en regard l'un de l'autre, de Loyse et de Nicolea de Vienne ; au milieu, des vers de Jean de Gardesy à Boissard, auteur de cette belle suite de costumes du XVIᵉ siècle. Très belles épreuves.

BOLSWERT (B.-A.)

212 — La Mort perçant tous les hommes de ses flèches meurtrières, malgré les efforts qu'ils font pour s'en garantir, d'après David Venckenboons. Très belle épreuve.

BOLSVERT (B.), VISSCHER (J.-C.) ET HOOGHE (R. DE)

213 — Bacchanale, en caricature, — Allégorie sur la richesse et la pauvreté, — La belle Constance dragonée, par Arlequin Deodat. Trois pièces. Très belles épreuves.

BONNART (chez)

214 — Tableau de l'industrie ou le moyen d'avoir de l'argent sans rien faire, — La Folie des hommes ou le monde à rebours. Deux pièces faisant pendants. Belles épreuves.

BONNART (N.)

215 — Louis le Grand, roy de France, — Louis, duc de Bourgogne. Trois portraits différents, — Marie-Adelaïde de Savoye, duchesse de Bourgogne, — Charles de Bourbon, duc de Berry, — Philippe de France, duc d'Orléans, — Mᵐᵉ la duchesse d'Orléans, — Mademoiselle, fille du duc d'Orléans, — Marie-Anne, légitimée de France, fille de Louis XIV. Dix pièces. Très belles épreuves avec marges.

216 — Jacques second, roy d'Angleterre, — Guillaume III, roy d'Angleterre, — Monsieur le prince de Toscane, — Victor-Amédée II, duc de Savoye, — Monsieur l'Électeur de Bavière, — Charlotte, Landgrave de Hesse-Cassel, reyne

de Dannemarc, — Mme Nani Erizzo, ambassadrice de Venise en France, 1697. Sept pièces. Très belles épreuves.

217 — François de Neufville, duc de Villeroy, à cheval, — Anne-Jules, duc de Noailles, — Monsieur le comte de Toulouse. Trois portraits in-fol. Belles épreuves.

218 — Abbé en sotane, — Habit d'Espagnol, — Le docteur Balouarde, — Scaramouche, — Arlequin, — Arlequin dansant à l'Opéra, — La Signore Spinette en Arlequine à l'Opéra, — Habit de ballet. Huit pièces. Très belles épreuves.

219 — La grande Sultane, — Esclave moresse, — Isabelle Vénitienne, amante de Léandre, de l'Opéra du *Carnaval de Venise*, — Doge de Venise, — Dame de qualité faisant dire sa bonne aventure, — L'Été, — La Poésie, — La Médecine. Huit pièces. Très belles épreuves.

220 — L'Europe, — L'Asie, — L'Afrique, — L'Occident, — l'Éloquence, — La Poésie, — La Reine d'Angleterre, — Frédéric-Auguste, roy de Pologne, — Joseph, 1er du nom, roy de Hongrie, — Le Printemps, — l'Esté, — Dame de qualité chantant, — Dame religieuse de Saint-Cyr, — Homme de qualité en habit de danseur, — Danseuse de l'Opéra, etc. Dix-huit pièces en noir et coloriées.

221 — Flavie, impératrice, — Cesonée, impératrice, — Plotine, impératrice, — Agrippine, impératrice, — Agrippine, femme de Germanicus César, — Calpurnie, impératrice, — Antonia, mère d'empereur, — Livie, impératrice. Huit pièces. Très belles épreuves. Marges.

222 — Le Sanguin, — L'Astrologie, — La Musique, — L'Architecture, — La Géométrie, — La Libéralité. Six pièces. Très belles épreuves. Marges.

BONNART et MARIETTE

223 — Mlle de Lussan, — Mlle de la Varenne, — Marguerite de Lorraine, — Mme de Ludre, — Élisabeth-Charlotte de Bourbon, ditte Mlle de Chartres, — Jacques II, roy d'Angleterre. Six pièces. Très belles épreuves.

BONNART ET MARIETTE

224 — Mlle des Mastins dansant à l'Opéra, — Homme de qualité, — La Bohémienne. Trois pièces. Belles épreuves.

BONNET (L.)

225 — Études pour les Demoiselles. Dix pièces représentant des jeunes femmes en pied, en costume Louis XVI, gravées à la sanguine, par Guber, d'après Huet. Très belles épreuves. Rares.

226 — Bustes de jeunes Femmes. Deux pièces gravées à la sanguine, d'après Leclerc. Très belles épreuves.

227 — Le Tailleur. Pièce en couleur, gravée à la manière du pastel. Belle épreuve. Rare.

228 — Deux Hommes et une Femme debout, sur une même feuille, gravé à 1 sanguine, d'après Watteau. Belle épreuve. Marge.

BOREL (d'après A.)

229 — La Bascule, — Le Charlatan. Deux pièces en couleur faisant pendants, gravées par Léveillé. Très belles épreuves.

230 — L'Innocence en danger, par P. Huot. Superbe épreuve. Grande marge.

BOSIO

231 — Bal de l'Opéra, en couleur. Très belle épreuve.

232 — Les Invisibles. Très belle épreuve, en couleur.

BOSSE (A.)

233 — L'Enfant prodigue prend congé de ses parents (G. D., 34), — Il dissipe son bien (35), — Il garde des pourceaux (36), — Il demande pardon à son père (37). Quatre pièces. Très belles épreuves avec l'adresse de Le Blond.

234 — Les Sens. Suite de cinq pièces (G. D., 1071-1075). Superbes épreuves avec l'adresse de Mel^or Tavernier.

BOSSE (A.)

235 — Les quatre Éléments. Suite de quatre pièces (G. D., 1090-1093). Très belles épreuves.

236 — Quatre Estampes relatives à la naissance du Dauphin, fils de Louis XIII (G. D., 1203-1206). Imprimées sur la même feuille.. Très belle épreuve, avec marge.

237 — Cérémonie observée au contrat de mariage passé à Fontainebleau, en présence de Leurs Majestés, entre Uladislas IV, roi de Pologne, et Louise-Marie de Gonzague, princesse de Mantoue et de Nevers, le 25 septembre 1645 (G. D., 1223). Belle épreuve.

238 — La Joye de la France (G. D., 1226). Très belle épreuve, avec marges.

239 — Louis XIII à genoux devant un autel (G. D., 1240). Belle épreuve.

240 — L'Infirmerie de l'hôpital de la Charité de Paris (G. D., 1266). Très belle épreuve.

241 — Figures au naturel tant des vêtements que des postures des gardes françaises du roy tres chrestien (G. D., 1332-1340). Suite de neuf pièces dont nous n'avons que huit. Belles épreuves. Manque le n° 3.

242 — Les Cris de Paris (G. D., 1341-1352). Huit pièces de cette suite. Très belles épreuves.

243 — Le Mari qui bat sa femme, — La Femme qui bat son mari. Deux pièces (G. D., 1383-1384). Très belles épreuves avec l'adresse de Le Blond.

244 — Le Peintre, — Le Sculpteur, le Graveur et l'Imprimeur. Suite de quatre planches (G. D., 1385-1388). Très belles épreuves.

245 — Le Graveur, Le Sculpteur (1385). Deux pièces. Très belles épreuves.

246 — Une Pièce du mariage à la campagne (G. D., 1382), — Lazare à la porte du mauvais riche (G. D., 40), — L'Hyver. Trois pièces. Très belles épreuves avec l'adresse de Le Blond.

BOSSE (A.)

247 — La Saignée (D., 1391), Très belle épreuve, marge. *L 30*

248 — La Saignée (G. D., 1391), — Le Clystère (1392), — Le Cordonnier (1394), — Le Barbier (1396), — Le Pâtissier (1397). Cinq pièces. Très belles épreuves. *L. 30.*

249 — Les Femmes à table en l'absence de leurs maris (G. D., 1399). Très belle épreuve avec l'adresse de Le Blond.

250 — Un Français debout, l'épée à la main (G. D., 1407). Très belle épreuve.

251 — Titres et vignettes pour l'*Enéide*, — Louis XIII en prières, etc. Sept pièces. Belles épreuves.

252 — Les Vierges sages, — Visiter les nuds, — Donner à manger à ceux qui ont faim. Trois pièces, Très belles épreuves.

BOSSE (d'après A.)

253 — Le Mauvais riche, gravé par J. C. Visscher. Belle épreuve.

BOUCHER (d'après F.)

254 — Les cris de Paris. Trois pièces gravées par Ravenet et Lebas. Belles épreuves.

BOULENGER et VIENOT

255 — Le Bek de l'Espagnol pris par le Français, ou la bataille de Lens, — Le Peintre, — L'Escornifleur, — La musique venteuse. Quatre pièces satyriques de l'époque Louis XIII. Très belles épreuves.

BOURTROIS (Ph.)

256 — Femmes d'Aujourd'hui, — Femmes d'Autrefois. Pièce curieuse. Coloriée. Belle épreuve.

BOVINET

257 — Intérieur d'un salon dans une maison de tolérance. In-8 en largeur. Très belle épreuve avant la lettre.

VAN BREEN (G.), GALLE ET GOLTZIUS (J.)

258 — Scènes galantes et allégories, etc. Six pièces d'après
K. Van Mander, Boons, H. Goltzius, etc. Belles épreuves.

BRETT (J.)

259 — Different opinions on men and things, — Foppish insi-
gnificance. Coquettish allurements. Deux pièces en couleur. Très belles épreuves. Marges.

BREUGHEL (d'après)

260 — Les Sept péchés capitaux. Suite de sept pièces in-fol.
en largeur. Gravées par un artiste dont le monogramme
est P. M, E. Éditées par H. Cock, en 1558. Très belles
épreuves.

261 — Les Saisons, — Un Concert. — Le Patineur. Six pièces
publiées par H. Cock.

BRION ET TANCHE (d'après)

262 — L'agaçante Julie se reposant sur le boulevard en atten-
dant bonne fortune, etc., — Jolie femme, coëffée d'un
chapeau à l'anglaise. Deux pièces, costumes de 1785,
publiées chez Basset. Très belles épreuves.

BRUYN (N. DE)

263 — La Richesse, — La Pauvreté. Deux pièces faisant pendants, d'après Martin de Vos. Superbes épreuves.

BRY (J. TH. DE)

264 — Le Triomphe de Jésus-Christ, — Les Noces d'Isaac et
Rébecca. Deux pièces en forme de frises. Très belles
épreuves.

265 — Marche de soldats, avec des prisonniers, suivis de la
Mort. Pièce en forme de frise. Très belle épreuve.

266 — Soldats faisant l'exercice; au milieu, un porte-drapeau.
Pièce en forme de frise. Très belle épreuve, marge.

BURGMAIR (Hans)

267 — Image des Saints et Saintes issus de la famille de l'empereur Maximilien Ier. Dix-neuf pièces de cette suite, gravées sur bois (B., 82). Très belles épreuves.

BYE (I.-D.)

268 — *Blois* (Illus^me et ex^me Princesse Ienne de). Seconde femme de Messire Philippe de Croy, Troisième duc d'Arscot, représentée en pied et costume de cour. In-fol. Superbe épreuve.

C..... (Henri)

269 — Ladies Dres, as it soon will be. Pièce in-fol. en couleur. Très belle épreuve, marge.

CALLOT (Jacques)

270 — La Carrière où la rue Neuve de Nancy (M. 624). Très belle épreuve du premier état avant l'adresse d'Israël Silvestre.

271 — La Noblesse. Suite de douze pièces (M, 673-684). Belles épreuves du premier état.

272 — La Chasse (M. 711). Très belle épreuve du premier état, avec les lointains très visibles.

273 — Les deux grandes vues de Paris (M., 713-714). Belles épreuves.

274 — La Noblesse, — Éventails, — Les Bohémiens, etc. Dix-sept pièces.

275 — Le Jeu de Boules ou la Foire de Gondreville. Bonne épreuve.

CANAL (J.-B., d'après)

276 — Vue du spectacle que Leurs Excellences Messieurs Nicolas et Philippe Calbo, sages préposés au Trésor, ont donné, par décret du Sénat, au Grand-Duc et à la Grande-Duchesse de Russie dans le théâtre Saint-Benoît, à Venise, le 22 janvier 1782. Gravé par A. Baratti. Très belle épreuve, avec marge.

CARICATURES

277 — Étrennes essentielles du Jour de l'an, — Milord Plum-pudding avec Lady Arrhée, — Costumes militaires, etc. Huit pièces en couleur.

278 — Caricatures parisiennes, — Le suprême bon ton. Sept pièces en couleur. Très belles épreuves. *2f ch*

279 — Le Bon genre. Vingt-neuf pièces en couleur. Très belles épreuves. *L. 80*

280 — Caricatures parisiennes, — Encore des Chinois, — La Dame soufflée, — Le Goût du jour. — La Veillée villageoise, — Garde à vous, etc. Six pièces en couleur. Très belles épreuves.

281 — Les Écossais à Paris ou la curiosité des femmes, — Le Repas du chat, — Suite et effets du Mariage de M. Richelet, — Le Choix du poisson, — La Mariée du Pays de Caux, — La Veillée villageoise. Six pièces en couleur. Très belles épreuves. *22 ch*

282 — Jeu de société, — La Pendule, — L'Amour du temps présent, — Me Courtaud ou la mauvaise avanture, — Musée grotesque, — Le plus sûr des amours, c'est celui du travail, — Elles pâtissent, — La Protectrice. Six pièces. Très belles épreuves.

283 — Pavillon de la Paix, — Encore des Originaux, — Les Apprêts du Bal, — Retour de Tivoli, — Avant, — Après. Six pièces en couleur. Très belles épreuves.

284 — Anecdote française, La tête d'une femme ou la Girouette à tout vent, — La Charge d'un mari ou le fardeau du ménage. Deux pièces en couleur faisant pendants. Belles épreuves.

285 — Déjeuner du dimanche. — La Danse villageoise, — M. le Marquis de la Flamberge expliquant ses raisons à M. Tintamarre aux Champs-Élysées, — M. Garrick, introducteur de modes, — Premier Janvier 1760, — Les Modernes, — Cavalerie impériale russe, etc. Neuf pièces en couleur. Très belles épreuves.

CARICATURES

286 — Les Anglais à Paris, — Famille écossaise, — Suprême bon ton, — L'Amateur Anglais à Paris. Quatre pièces en couleur, gravées par Debucourt et Blanchart, d'après Vernet et Finart. Très belles épreuves.

287 — L'Allemande à Deux ou le Hongrois à Paris. — La Nouvelle mode ou l'Ecossais à Paris, — Merveilleuse n° 23, — Cosaque au bivac, — Cosaque irrégulier portant des dépêches. Cinq pièces en couleur, gravées par Debucourt, Gatine et Blanchart, d'après Vernet et Finart. Belles épreuves.

CHALLE (d'après M.-A.)

288 — Finissez, — La Pantoufle. Deux pièces faisant pendants, gravées par Marchand. Très belles épreuves avant toutes lettres.

CHAPUY

289 — Costumes des membres du Directoire. Dix pièces in-8 en couleur. Rares.

CHARON (A Paris, chez)

290 — Paris tel qu'il est ou le Trompe-l'œil. Pièce en couleur. Très belle épreuve.

291 — Le Plaisir, — Le Déplaisir. Deux pièces en couleur faisant pendants. Belles épreuves.

CHARLES

292 — Costumes de théâtre, tirés de la Correspondance théâtrale de Perlet. Douze pièces. Très belles épreuves.

CHATAIGNIER (Chez)

293 — La Mère à la mode, — La Mère telle que toutes devraient être. Pièce curieuse pour les costumes, en couleur. Très belle épreuve. Rare.

CHENU

294 — *Favart* (Madame). Actrice. In-8, d'après Garand. Très belle épreuve, marge.

CHÉREAU (A Paris, chez)

295 — Le plus fort me tente. Très belle épreuve.

296 — La Coquette en robe garnie. In-fol. avec vers en bas. Belle épreuve.

297 — L'Abbé coquet. In-fol. en hauteur. Belle épreuve.

298 — Louis XV, Roy de France et de Navarre. In-fol. en pied et manteau royal. Belle épreuve.

CHODOWIECKI

299 — Occupations des Dames. Suite de douze pièces in-18 pour un petit almanach de poche. Très belles épreuves.

COCHIN (d'après).

300 — Représentation des masques qu'ils étaient à la célébration du mariage du Dauphin. Suite de six pièces avec titre. Très belles épreuves avec marges, coloriées.

COCHIN ET BAILLIEUL (d'après)

301 — Vue perspective de l'illumination de la rue de la Ferronnerie du côté de la rue Saint-Honoré, le 8 septembre 1745. Gravé par Aveline et Baillieul. Très belle épreuve.

COIFFURES (Pièces sur les)

302 — Le triomphe de la Coquetterie. Belle épreuve, coloriée, de la pièce la plus importante et des plus curieuses sur les coiffures. Doublée.

303 — Hôtel du Parc-Royal, — Les Anglais à Paris. Deux pièces. Très belles épreuves. Grandes marges.

304 — Mlle des Faveurs à la promenade à Londres, — Conversation galante entre les personnes du grand goût, étant à la promenade des Tuileries. Deux pièces. Très belles épreuves.

305 — L'entretien des Trois Grâces anglaises. — A milleners shop, — Mlle Stending a pea upon a Drum, — The female frizzler. Trois pièces. Très belles épreuves.

COIFFURES (Pièces sur les)

306 — L'incendie des coeffures, — Miss Comeingue out of
opera, — The french lady of di promenade. Trois pièces.
Très belles épreuves. Grandes marges. £.25

307 — Tight lacing, or the cobler's Wife in the fashion, —
The ladies disaster, — Ridiculous taste or the ladies absurdity. Trois pièces. Très belles épreuves.

308 — Tooth or nail, — How do you Do, — The siege of Cork,
— Lady all-Top, — Tight Lacing, — Tooth or nail, etc.
Six pièces. Très belles épreuves.

309 — Combat du duc Mont-au-Ciel et du mylord Sans-
Façon, pour la coeffure de Mlle des Soupirs, — La duchesse des Plaisirs, allant au Colysó, — La baronne du
Bel-Air revenant du Palais-Royal. Trois pièces. Très
belles épreuves. Grandes marges. £.25.

310 — Ouragan, arrivé près du moulin Jeanseniste, le 15 juil-
let 1772, — Etrange malheur arrivó à la princesse des
Plumes, dans une ménagerie, à l'occasion de sa modeste
coeffure, — Entrée du baron du Caprice chez Mlle des
Faveurs. Trois pièces. Très belles épreuves.

311 — The french lady in London, — Le grand maître des
frisures à la mode, — Wery gond of night a cap, — Ridiculous taste or the ladies absurdity. Quatre pièces.
Très belles épreuves.

312 — Wery Gond of night cap, — The folly of 1771, — Le
négligé galant orné de la coeffure à la belle Poule. Trois
pièces. Belles épreuves.

313 — Noddle Island or How, ar we decieved, — Bunters hill
or may day, — The Downfall of a late alderman or the
Triumph of the New chamberlain. Trois pièces. Rares.

314 — A lodging house lady of bath, — A speedy and effec-
tual preparation for the next World, — Ruins of Poll-
Myra and Bell-Beck. Trois pièces. Très belles épreuves.

COIFFURES (Pièces sur les)

315 — Tight lacing or hold fast behind, — Lady Betty Besom
Bath, — The ladies contrivance or the capital conceit.
The new regatta. Quatre pièces. Très belles épreuves.

316 — Bonnet aux Aigrettes. Pièce gravée en manière noire.
Très belle épreuve.

317 — A scoth reel, — Titus shapes figures frames, — Light
Head dress and long Petticoats. Trois pièces. Très belles
épreuves.

318 — La Nymphe un peu remise de ses grandes fatigues
laisse reposer son coursier s'étant parée d'une frisure à
la grenade sur laquelle elle porte son fameux marin au
milieu de son triomphe... pièce curieuse. Coloriée. Très
belle épreuve.

319 — La baronne du Bel-Air revenant du Palais-Royal. Très
belle épreuve. Marge.

320 — Miss french lady opera, — A Lodging house of Bath.
Deux pièces très curieuses, sur l'excentricité des hautes
coeffures. Très belles épreuves.

COLLAERT (Ad.)

321 — Les quatre parties du monde représentées par des
figures de femmes et allégories, d'après M. de Vos. Quatre
pièces. Très belles épreuves.

CORT (Corneille)

322 — Académie des Beaux-Arts. Belle pièce in-fol. en hauteur. Très belle épreuve.

COSTUMES

323 — Costume parisien, 1807 à 1826. Quatre-vingt-trois
pièces.

324 — Costume parisien, 1807 à 1820. Cent trente et une
pièces.

COSTUMES

325 — Costume parisien et modes parisiennes, etc. Vingt-six pièces.

326 — Costume parisien. An 6, 7, 8, 9 et 13. Vingt-huit pièces.

327 — Costumes inventés à Londres par M. Bell. Vingt pièces.

328 — Costumes publiés à Londres en 1795, par N. Heideloff. Douze pièces. Rares.

329 — Costumes publiés en Angleterre vers 1804. Vingt-sept pièces. Belles épreuves. Rares.

330 — Rencontre d'Officiers anglais et écossais à Paris, — Infanterie de la Garde Royale, — Grenadiers, — La Valeur rend honneur au Courage, — Officiers et soldats russes, — Dragon et lancier de la Garde Royale française, — Infanterie anglaise. Sept pièces en couleur, gravées par Alix, Debucourt et autres. Très belles épreuves.

331 — Costumes militaires, Russes et Prussiens. Treize pièces. Très belles épreuves.

COUVAY (J.)

332 — Le Beau Séjour des cinq sens, — Le Palais des facultés de l'âme. D'après Huret. Deux pièces in-fol. en largeur. Belles épreuves.

333 — Le Courtisan réformé suivant lédit dernier, d'après Huret. Très belle épreuve.

COUVAY et RAGOT

334 — La Nuit, — L'Ouïe, — L'Air, — L'Eau. Quatre pièces. Costumes de femmes de l'époque Louis XIII d'après Huret. Belles épreuves.

CRANACH (LUCAS)

335 — La Décollation de saint Jean-Baptiste (B., 61-62).
Deux compositions différentes, gravées sur bois. Belles
épreuves.

DARET (excudit)

336 — Les quatre parties du Jour, représentées par des figures de femmes. Costumes du règne de Louis XIII. Quatre
pièces. Très belles épreuves.

337 — Les Sens. Suite de cinq pièces. Costumes de femmes
du règne de Louis XIII. Très belles épreuves.

338 — Paris, — Venus, — Junon, — Minerve. Suite de quatre pièces. Très belles épreuves.

DAUDET (A Paris, chez)

339 — Litanies et Prières d'un garçon qui désire de se marier
au plus tôt, — Litanies et prières d'une fille qui désire
de se marier au plus vite. Deux pièces très curieuses avec
bordures et légendes. Très belles épreuves.

340 — Les Saisons. Suite de quatre pièces, grand in-fol. en
hauteur, pour modèles de tapisseries. Compositions imi-
tées de Boucher. Coloriées. Très belles épreuves. Marges.

DAUMONT (A Paris, chez)

341 — A la grande Confrérie. Pièce satyrique sur les maris
trompés. Belle épreuve.

D. B. fecit

342 — Bustes d'Hommes et de jeunes filles. Quatre pièces.
Très belles épreuves. Marges.

DEBUCOURT (P.-L.)

343 — La Promenade publique, 1792. Pièce capitale du maître. Superbe épreuve.

344 — Les Courses du matin ou la porte d'un Riche, en couleur. Très belle épreuve. Marge.

DEBUCOURT (P.-L.)

345 — Gouter des Anglais, en couleur. Très belle épreuve.

346 — La Croisée. En couleur. Très belle épreuve.

347 — Que vas-tu faire? — Qu'as-tu fait? Deux pièces en couleur, de forme ovale, faisant pendants. Très belles épreuves. Marges.

348 — Le Gourmand. In-8. Belle épreuve, Marge.

349 — Modes et manières du jour, numéros 1, 2, 4, 6, 7, 8, 9, 10, 13, 14, 15, 18, 19, 21, 24, 25, 26, 27, 34, 39, 42, 44, 45, Vingt-trois pièces, en couleur. Très belles épreuves.

350 — Promenade anglaise, en couleur, d'après Vernet. Très belle épreuve.

351 — Retour des champs, d'après Vernet, en couleur. Très belle épreuve.

352 — La Toilette d'un Clerc de Procureur, en couleur, d'après Vernet. Très belle épreuve.

353 — Costumes Polonais, 1817, d'après Norblin. Trente pièces en noir et en couleur. Belles épreuves, avec marges.

DEBUCOURT (d'après)

354 — Une Visite. Jolie pièce de forme ovale, in-4° en largeur. Épreuve avant toutes lettres, marge.

DEMORTAIN (A Paris, chez)

355 — Almanach de Rébus et de Figures parlantes, pour récréer l'esprit des Curieux pendant le cours de l'année 1716, avec légende. Belle épreuve.

DENY (A Paris, chez)

356 — Le Départ de la chasse. Pièce coloriée. Belle épreuve.

357 — Le Danger des bosquets. Très belle épreuve.

DEPAIN (Chez)

358 — Coëffure sans Espoir, — Coëffure à l'Espérance, — Coëffure à la Galanterie, — Coëffuie à l'Indienne. Quatre pièces coloriées. Très belles épreuves.

359 — Coëffure à l'Espoir, — Coëffure à la Nation. Deux pièces faisant partie de la suite précédente, en noir. Belles épreuves, avec marges.

DEPEUILLE (A Paris, chez)

360 — Ils ont été, Ils sont et Ils seront. Pièce très curieuse pour les costumes, en couleur. Belle épreuve.

DESRAIS (d'après C.-L.)

361 — Suite des Nouvelles modes Française depuis 1778 jusqu'à ce jour, dessinées d'après nature par C. L. Desrais. Suite de huit pièces grand in-8°, en couleur. Superbes épreuves, grandes marges.

362 — Suite de Nouvelles modes Françaises, depuis 1778 jusqu'à ce jour. Dessinée d'après nature, par C. L. Desrais. Suite de sept pièces grand in-8°, en couleur. Superbes épreuves, grandes marges. *L. 260*

363 — Deshabillier Galant et Bonnet au Berceau, — Artisan ayant un habit avec une Redingotte Anglaise, — Dame en négligé Galant, — Petit Maître, en habit moucheté et chapeau rond, — Polonnoise en manière Anglaise, — Élégand du siècle, en frac à la Polonnoise et chapeau à la Cors, et des boucles à la d'Artois, — Bourgeois de Paris en habit simple, — Dame en manteau de lit, bonnet à la Marmotte. Huit pièces in-8, en couleur. Très belles épreuves. Rares. *L. 160*

364 — Costumes d'hommes et de femmes vers 1778, pour un almanach de poche. Seize pièces, dont quatre avant la lettre.

365 — Costumes d'hommes et de femmes, en 1779. Suite de vingt-quatre pièces imprimées à deux sur une même feuille, pour un almanach de Poche. Très belles épreuves. Rares. *L. 80*

DESRAIS (d'après C.-L.)

366 — Suite de douze vignettes in-18, pour un petit almanach de poche de la fin du xviiie siècle. Très belles épreuves.

367 — Ce que j'Étais, ce que je Suis, ce que je devrais Être. Deux pièces faisant pendants. Très belles épreuves, marges.

368 — Empire de la Beauté. Très belle épreuve.

369 — Cahier de modes Française pour la coiffure. Six pièces avec quatre sujets sur chaque feuille. Cahier D, publié chez Basset. Très belles épreuves avec marges, coloriées.

370 — Première suite des costumes Français pour les Coëffures depuis 1776. Suite de Six pièces à quatre coëffures sur la même feuille, coloriées. Très belles épreuves. Rares.

371 — Deuxième cahier des nouveaux costumes Français pour les Coëffures. Cahier de six feuilles à quatre sujets sur la même feuille. Un des bustes représenté sur la première feuille, donne le portrait et la coiffure de la Reine Marie-Antoinette. Très belles épreuves, coloriées.

372 — Troisième cahier de modes Françaises, pour les Coëffures depuis 1776. Suite de six pièces à quatre sujets sur la même feuille, coloriés. Très belles épreuves.

DESRAIS, LECLERC ET WATTEAU

373 — Costumes Français, habillements à la mode de 1776. N°s 56, 69, 72, 74, 77, etc. Sept pièces. Très belles épreuves.

374 — Costumes Français, habillements à la mode de 1780. N°s 105, 119, 169, 174 et 181. Cinq pièces. Très belles épreuves.

375 — Costumes Français, habillements à la mode de 1780. N°s 212, 214, 230, 232, 242 et 255. Six pièces. Très belles épreuves.

376 — Costumes Français, habillements à la mode de 1780. N°s 277, 280, 281, 285, 288, 294, 298. Sept pièces. Très belles épreuves.

DESRAIS, LECLERC ET WATTEAU

377 — Costumes Français, habillements à la mode de 1780. Nos 308, 326, 362, 363, 369, 370, 371, 372, 386, 391. Dix pièces. Très belles épreuves.

378 — Costumes Français, habillements à la mode. Nos 40, 88, 113, 232, 265 et 266. Six pièces coloriées. Très belles épreuves avec marges.

379 — Quarante-neuvième cahier de Costumes Français, quarante-troisième suite d'habillements à la mode en 1786. Nos 307-308, 309-311 et 312. Cinq pièces, coloriées. Très belles épreuves, grandes marges.

380 — Costumes Français, habillements à la mode. Nos 187, 277, 303. Trois pièces. Très belles épreuves, marges.

381 — Costumes Français, habillements à la mode de 1780. Nos 46, 146, 292-293. Quatre pièces. Très belles épreuves.

382 — Suite de Coëffures à la mode en 1785, — Costumes Français, habillements à la mode en 1787, etc. Quatorze pièces. Très belles épreuves.

DESRAIS ET LECLERC

383 — Coëffures en 1786, — Chapeau à la Henri IV en 1775, — Costumes, etc. Dix-huit pièces.

DEVERIA

384 — Costumes de la Normandie. Six pièces coloriées.

DIVERS

385 — L'Escornifleur, — Le Billet Doux, — Le Buveur, etc. Cinq pièces, costumes et scènes de mœurs du règne de Louis XIII. Très belles épreuves.

386 — La Plaisante alliance des Chats avec les Rats, — Ce Fardeau de Paix et de Guerre, — Pièce grotesque sur une farce représentée à l'hostel de Bourgogne. Trois pièces satyriques du règne de Louis XIII. Belles épreuves.

DIVERS

387 — Habit Despée, — Dame en habit de chambre, — Habit de ville, — Dame en deshabillé allant par la ville, — Habit de cavallier. Suite de cinq pièces, costumes du règne de Louis XIV. Très belles preuves, margés.

388 — L'Escuyer à la mode, — L'Astrologie, — Les Fumeurs, — Concert interrompu par l'Arrivée de la Mort, etc. Neuf pièces, costumes et scènes de mœurs du commencement du xvııᵉ siècle.

389 — Le Vieux médecin, — Le Petit bon homme, — Concerts de Singes, — Le Marchand de Cornes, etc., etc. Quatorze pièces, costumes et scènes de mœurs du xvııᵉ siècle.

390 — Le Mauvais ménage, — Le Testament de Jeanne, — Scène de comédie de l'hostel de Bourgogne, — Jodelet. Quatre pièces publiées par Le Blond, Mariette et Huart. Très belles épreuves.

391 — Rendez-vous Amoureux, — Vente publique des Filles, — La Loterie des Amoureux, — La Dispute de la culotte, — Costumes, — Assemblées de Vieilles Filles et de Vieux Garçons, etc. Tente pièces par de Son, Basset, S. Le Clerc et della Bella. Belles épreuves.

392 — Gardes d'honneur en grand costume, formés à Nantes pour la réception du grand Napoléon, — Leçon de danse, — L'Incroyable à cheval. Trois pièces. Très belles épreuves.

393 — An opera Girl of Paris in a full Dress, d'après Brandoin, — The boxing baroness, — A Lady in full Dress, 1770, — Two Ladies in the newest Dress, 1775. Quatre pièces.

394 — Costumes, — Sujets historiques et de genre, par Nolpe, Saenredam, B. A. Bolswert, etc. Onze pièces.

395 — Costumes, — Scènes de mœurs, par Breen, Gheyn, Saint-Jean, Bellange, Saenredam, etc. Dix-sept pièces.

396 — Costumes Espagnols, Allemands, Hollandais, etc. Soixante-deux pièces.

DIVERS

397 — Costumes du xvi⁰ siècle, gravés sur cuivre et sur bois. Huit pièces.

398 — Costumes, — Coiffures et scènes de mœurs, par divers artistes. Vingt-deux pièces.

399 — Pièce Satyrique sur les coiffures, — Les Quatre Bourgmestres, d'après Rembrandt, — Entrée de l'Amour et de la Richesse aux noces de Gamache, d'après Coypel, — Et sujets divers par de Gheyn et Wllamena. Cinq pièces. Très belles épreuves.

400 — Angélique et Médor, — Le Goût, — Bacchus, — L'Hiver, etc. Dix pièces par C. de Passe, Vosterman, Saenredam, etc.

401 — Pièces diverses de l'école hollandaise, par Picart, Goltzius, C. Galle, P. de Iode, etc. 22 pièces. Belles épreuves.

402 — Costumes divers, par Matham, Silvestre, Michel Lasne, N. Guérard et autres. Vingt pièces. Belles épreuves.

DUHAMEL

403 — Costumes, coiffures et meubles, tirés du cabinet des modes 1785-1789. Vingt-deux pièces en couleur des 1ʳᵉ et 2ᵉ années. Très rares.

404 — Douze pièces de la même collection en couleur, 3ᵉ et 4ᵉ années. Très rares.

405 — Costumes et coiffures tirés du cabinet des modes 1785-1789. Quinze pièces coloriées. Rares.

406 — Costumes et coiffures tirées du Cabinet des modes 1786. Douze pièces coloriées. Belles épreuves.

407 — Costumes tirés du Cabinet des modes. Huit pièces.

DU MESNIL (d'après)

408 — La Poupée et le volant, par de F... Belle épreuve.

DUPLESSIS-BERTAUX (d'après)

409 — L'Instant de la gaieté, — La Réflexion tardive, — La Perte irréparable. Trois pièces. Belles épreuves, marges.

ÉCOLE ALLEMANDE

410 — Estampes diverses par D. Hopfer, J. Amman, Schaufelein, etc. Cinq pièces dont deux gravées sur bois. Très belles épreuves.

ÉCOLE FRANÇAISE DU XVIIe SIÈCLE

411 — De l'Avarice, — De la Paresse. Deux pièces satyriques faisant pendants, avec légendes. Très belles épreuves.

ÉCOLE FRANÇAISE DU XVIIIe SIÈCLE

412 — Les Saisons, — Les Quatre parties du Jour, — Les Sens, — Les Éléments, — Sujets mythologiques, etc., d'après les principaux artistes du xviiie siècle. Très belle réunion d'estampes pour dessus de boîtes, tabatières, etc. Quarante-cinq pièces. Très belles épreuves.

413 — Incroyable dans son cabinet. Pièce en couleur de forme octogone. Très belle épreuve.

414 — Le Gros financier petit-maître en habit du matin, in-4 en couleur. Très belle épreuve, marge.

415 — Jeune femme dans une chambre, debout près d'un lit, un jeune homme à genoux lui fait une déclaration d'amour. Pièce de forme ronde, imprimée en bistre. Très belle épreuve avant toutes lettres, marge.

416 — *Maillard* (Mlle), de l'Académie Royale de musique. *Dugazon* (Mme), de la Comédie-Italienne. Deux portraits in-8 en couleur. Très belles épreuves.

417 — Sujets allégoriques et mythologiques, — Les Sens, — Les Saisons, etc. Vingt-sept pièces, d'après les principaux maîtres du xviiie siècle, pour dessus de boîtes et tabatières. Très belles épreuves. Rares.

ÉCOLE FRANÇAISE DU XVIIIᵉ SIÈCLE

418 — Quatre vignettes imprimées sur une même feuille représentant des fêtes du nouvel An, en regard, dans une
bordure, l'explication du sujet. — L'Écrivain public à
Naples, — Costumes. Quatre pièces coloriées. Très
belles épreuves.

419 — La Voluptueuse, — Le Chit chit, — La Curieuse. Trois
pièces in-8. Très belles épreuves, marges.

420 — Marche de cavalerie, — Sultane grecque, — Casque à
la Minerve ou à la Dragon, — Vue intérieure d'un théâtre, etc. Cinq pièces par Parrocel, Vien, Fokke, etc. Belles
épreuves.

421 — Jugement de Paris, — L'Hyver, — Cérémonie Russe,
— Lever du Roy, etc. Cinq pièces, d'après Queverdo,
Eisen, Leprince, Boilly, etc. Belles épreuves.

ESNAULT ET RAPILLY (Chez)

422 — Nouvelles modes de 1797, correspondant à l'an V de la
République. Seize sujets sur une même feuille. Très belle
épreuve coloriée.

FALCK (J.)

423 — Orgie de femmes et de soldats, d'après J. Lys, in-fol.
en largeur. Belle épreuve.

FERDINAND (A Paris, chez)

424 — Les Proverbes du temps, — L'Orgueil espagnol sur-
monté par le luxe français. Deux pièces satyriques. Très
belles épreuves.

425 — Histoire en proverbe, — Le Retour de Gonesse. Deux
pièces satyriques. Belles épreuves.

FERDINAND ET GUERIGNIAU (excudit)

426 — Le Parnasse ridicule de la place Maubert, — Le Cuisi-
nier d'Edein, qui a empoisonné le diable, — Raillerie
d'un crieur de Pampelune, etc. Quatre pièces satyriques
de l'époque Louis XIII. Très belles épreuves.

FERRARI

427 — Costumes d'Italie. — Etats du Pape et du Tyrol. Quarante-neuf pièces.

FOKKE

428 — Représentation de l'Intérieure de l'Oudezyds Heerelogement à Amsterdam avec la manière de se vendre des tableaux. Superbe épreuve avant toutes lettres, plus une épreuve avec la lettre. Deux pièces.

FOULQUIER (F.)

429 — Études de têtes sur une même feuille. 1768. Belle épreuve.

FRAGONARD (d'après Honoré)

430 — Les Hazards heureux de l'Escarpolette, par N. De Launay. Superbe épreuve.

431 — La Bonne mère, par N. De Launay. Superbe épreuve avant la dédicace.

432 — Figures des Contes de La Fontaine, in-4, tirées sur papier vélin, destinées à orner l'édition des Contes, en deux volumes in-4, imprimés par P. Didot l'aîné. Suite de vingt estampes gravées par Delignon, Tilliard, Lingée, Trière, Patas, Simonet, etc. Superbes épreuves, toutes marges, dans la couverture de publication.

GAGARINE (le prince Gr.)

433 — Le Caucase pittoresque, dessiné d'après nature par le prince Grégoire Gagarine, avec une explication et un texte explicatif par le comte Ernest Stockelberg. 1 vol. in-fol. avec texte contenant 44 planches.

GALLE (Phillippus)

434 — Les Saisons, suite de quatre pièces in-fol. en largeur, d'après J. Stradan. Superbes épreuves. Rares.

GANIÈRE (excudit)

435 — L'alliance burlesque de Rolin Trapu et de Catin Bon bec, illustres polissons, — Concert mélodieux, — L'Arsenal d'amour, — Le Jugement de Paris. Quatre pièces satyriques. Très belles épreuves.

436 — L'après-midy. Pièce curieuse représentant le roi Louis XIII, la reine et le dauphin à la chasse. Belle épreuve.

437 — Le capitaine des enfarinez. Pièce satyrique sur les coiffeurs. Belle épreuve.

438 — Les Joueurs, d'après Valentin, in-fol. en largeur. Très belle épreuve.

439 — Dialogue de dame Alison et de Lubin, son mary, dans le cabaret. Pièce satyrique. Très belle épreuve.

GATINE

440 — Costumes de divers pays, — Travestissements, — Les métiers de Paris. Trente-trois pièces d'après Lanté, en couleur. Belles épreuves.

441 — Costumes des femmes les plus célèbres de l'histoire de France, d'après Lanté. Soixante-quinze pièces en couleur. Très belles épreuves.

GHEYN (J. DE)

442 — Mascarades au xvie siècle. Suite de dix pièces in-4. Très belles épreuves. Rares.

443 — L'Enfant prodigue, d'après K. Van Mander. Partie gauche de l'estampe. Belle épreuve.

GILLRAY

444 — A fashionable information for ladies in the Country. Pièce en couleur. Très belle épreuve.

445 — Three Graces; or the three Rums!! of the o! P.!ra. — The male Carriage or New Evening Dilly. Deux pièces. Très belles épreuves. Rares.

GOLTZIUS (H.)

446 — Un porte-enseigne tenant le drapeau de son régiment (B., 125). Très belle épreuve.

447 — Un capitaine d'infanterie, marchant avec une hallebarde à la main (B. 126). Très belle épreuve.

448 — Officier de guerre, représenté debout (B., 216). Belle épreuve.

449 — Une assemblée de gentilshommes et de dames vénitiennes assistant à une fête de noces, d'après Théodore Bernard (B., 247). Belle épreuve.

450 — Portrait d'un général (W. 357). Très belle contre-épreuve.

GOLTZIUS (d'après H.)

451 — Les Habillements des officiers et soldats d'un régiment d'infanterie des Pays-Bas, par J. de Gheyn. Suite de douze pièces (B., 1-12). Très belles épreuves.

452 — Un Vieillard voulant séduire une jeune femme, — Une vieille Femme voulant séduire un jeune homme. Deux pièces. Belles épreuves.

GOLTZIUS et DE GHEYN

453 — Tarquin et Lucrèce, — Cérès, — Bacchus, — Vénus et l'Amour, — Un Festin, — Un Hallebardier, etc. Sept pièces. Très belles épreuves.

GREUZE (d'après J.-B.)

454 — Divers Habillements suivant le costume d'Italie, dessinés d'après nature, par J.-B. Greuze, peintre du Roy, ornés de fonds par J.-B. Lallemand et gravés d'après les dessins tirés du cabinet de M. l'abbé Gougenot, conseiller au grand Conseil...., par P.-E. Moette, graveur du Roy. Titre gravé par Angélique Moette, d'après J.-B. Lallemand. Suite de vingt-cinq pièces y compris le titre. Superbes épreuves, avec marges, sauf le numéro 19.

GUÉRARD et **VAN BUYSEN**

455 — Guinguette des environs de Paris, sous Louis XIV, — Intérieur d'une galerie avec personnages. Deux pièces très curieuses pour les costumes. Belles épreuves.

HARRIET (d'après F.-J.)

456 — Le Thé parisien. Suprême Bon ton au commencement du XIXe siècle, gravé en couleur par Godefroy. Très belle épreuve.

HEMSKERCK (M.)

457 — Joseph expliquant les songes de Pharaon. Très belle épreuve.

HOECHGHENBERGHE (F.)

458 — Le Triomphe du Gras et du Maigre, pièce gravée à l'eau-forte. H. Cock, excudit 1558. Très belle épreuve.

HOGENBERG (Abraham)

459 — Vie de l'Enfant prodigue. Suite de quatre pièces. Très belles épreuves.

HOLLAR (W.)

460 — Les Quatre Saisons représentées par des figures de femmes à mi-corps. Très belles épreuves, avec marges.

461 — Portraits de femmes en bustes, de forme carrée. Huit pièces.

462 — Portraits de femmes en bustes de forme ronde. Douze pièces. Très belles épreuves.

463 — Costumes d'hommes et de femmes de la bourgeoisie et du peuple. Dix pièces. Très belles épreuves.

464 — Portraits. M. Morett, — Alathea Talbot, — Princesse Marie, fille de Henri VIII, — Jeanne Seymour, etc. Six pièces. Très belles épreuves.

465 — Costumes de Femmes, nobles et bourgeoises. Trente et une pièces. Très belles épreuves.

HONDIUS (H.)

466 — L'Hiver, — L'Esté, — Le Printemps. Trois pièces, d'après D. Vinckboons. Belles épreuves.

HONTHORST (d'après)

467 — Les Sens. Suite de cinq pièces de forme ovale avec bordures. Très belles épreuves. Rares.

HOOGHE (R. DE)

468 — Inauguration d'une place publique dans une ville hollandaise. Grande pièce in-fol. en largeur. Très belle épreuve.

HOPFER (D)

469 — Un Soldat allemand portant un fusil sur l'épaule, au milieu de deux autres qui s'appuyent sur leurs lances, — Trois autres soldats allemands dont l'un porte un espadon (B., 64 et 65). Très belles épreuves avant les numéros.

HUART (excudit)

470 — Les Saisons. Suite de quatre pièces en largeur. Belles épreuves.

HUET (d'après J.-B.)

471 — Le Goûter champêtre, gravé en couleur par Jubier. Très belle épreuve.

472 — L'Accord maternel, gravé en couleur par Bonnet. Très belle épreuve.

HUMBLOT (d'après)

473 — L'Arbre de Cracovie. Pièce très curieuse pour les mœurs et costumes du XVIIIe siècle. Très belle épreuve, marge.

INCROYABLES

474 — Ah ! quelle antiquité !!! Oh ! quelle folie que la nouveauté. Superbe épreuve, marge.

475 — L'Oracle consulté, par Guyard. Très belle épreuve, marge.

INCROYABLES

476 — La Folie du jour, d'après Boilly, par Tresca. Superbe épreuve. Toute marge.

477 — Point de Convention, d'après Boilly, par Tresca. Superbe épreuue. Toutes marges.

478 — La Pièce curieuse, d'après Boilly, par Darcis. Superbe épreuve, toutes marges.

479 — Ma chevelure s'en va, c'est très croyable. Belle épreuve, marge.

JODE (P. DE)

480 — Les Sens. Suite de cinq pièces in-4, en largeur. Très belles épreuves.

481 — Costumes d'Espagne, d'Italie, de France, etc. Cinq pièces, d'après Sébastian Vrancx. Belles épreuves.

ISABEY ET PERCIER (d'après)

482 — Costumes des princes et fonctionnaires assistant au sacre de Napoléon Ier. Dix pièces gravées par Massard, Delvaux, Ribault, Pigeot, Dupréel et Pauquet. Dix pièces. Très rares épreuves avant la lettre et eaux-fortes.

JANINET (F.)

483 — Mme *Favart*, rôle de Roxelane, in-8, en couleur. Très belle épreuve.

484 — Différentes études d'une femme debout et d'un enfant, sur une même feuille, in-folio, en largeur. Très belle épreuve. Rare.

485 — Jeunes femmes en buste avec coiffures. Cinq pièces, en couleur. Très belles épreuves. Rares.

486 — Jeune femme en buste, avec grande coiffure, en couleur. Belle épreuve.

JAZET ET ALIX

487 — Cuirassier russe, — Hussard russe, — Officier d'Etat-Major russe, — Officier de uhlans russe, etc. Huit pièces en couleur, d'après Sauerweid. Très belles épreuves, marges.

JAZET

488 — Promenade à Tzarkoë Selo, d'après Sauerweid. Très belle épreuve avant toutes lettres, en noir.

JEAN (A Paris, chez)

489 — Le Jeu de Loto. Quine !!!! Pièce coloriée. Belle épreuve.

490 — Degrés des Ages. Le cours de la vie de l'homme, ou l'homme dans les divers passages de son existence, depuis son entrée dans le monde, jusqu'au moment de sa disparition. Grande pièce in-folio, coloriée. Rare.

491 — Grepardin, procureur de campagne, grand conseiller de Normandie, — La Fontaine de Jouvence, — Le fameux Lustucru, seul et unique dans son genre pour re-polir les têtes des femmes. Trois pièces en couleur, très curieuses pour les costumes et mœurs, marges.

JEAURAT (d'après)

492 — Le Fiacre, par Pasquier. Belle épreuve.

JEFFERYS (A Londres, chez)

493 — Habillements de différentes nations, anciens et modernes et en particulier des vieux ajustements anglais, d'après les dessins de Holbein, Van Dyck, Hollar et autres. Cent quinze pièces.

JOULLAIN (F.)

494 — *Tel qui rit, voyant ces enfants.* Très belle épreuve, marge.

KERIUS ᴇᴛ PETRI (Tʜ.)

495 — Nova totius orbis mappa, ex optimus auctoribus desumta.

Très curieuse carte du monde, publiée vers 1600. Elle est entourée d'une bordure formée de médaillons où sont représentés les costumes de chaque nation et des vues des principales villes. Dans le haut de la droite est une vue de Paris, en six feuilles collées sur toile.

KILIAN (L.-A.-W.)

496 — *Fugger* (Hieronimus), — *Fugger* (Ursula), — *Fugger* (Rudolphus), etc. Quatre portraits in-folio avec bordures ornementées. Très belles épreuves.

KILLENSTEIN

497 — Soldats au cabaret, in-folio en largeur. Très belle épreuve.

LAMI ᴇᴛ MONNIER

498 — Londres, une grande rue à cinq heures du soir. Pièce coloriée.

LANCRET (d'après)

499 — La Joye du Theastre, par Crepy. Très belle épreuve, marge.

500 — Le Philosophe marié, par C. Dupuis. Belle épreuve.

LAVREINCE (d'après N.)

501 — La Balançoire mistérieuse, par Vidal (E. B., 9), Très belle épreuve avec le mot gravé écrit avec deux E, marge.

502 — Le Billet doux, par N. de Launay (10). Superbe épreuve, toutes marges.

503 — Le Déjeuner anglais, par Vidal (E. B., 17). Très belle épreuve, marge.

LAVREINCE (d'après N.)

504 — Jamais d'accord, — Le Serin chéri. Deux pièces en couleur faisant pendants, gravées par Dnarglé (Legrand) (E. B. 33 et 59). Superbes épreuves avec marges. Très rares en aussi belle condition.

505 — Le Retour trop précipité, par J.-A. Pierron (E. B., 54). Très belle épreuve.

506 — Le Printemps, — L'Été, — L'Automne, — L'Hiver. Suite de quatre pièces gravées à la manière noire. Très belles épreuves, marges.

LE BLOND (excudit)

507 — Junon, — Pallas, — Pomone, etc. Quatre pièces, figures allégoriques de femmes du règne de Louis XIII. Très belles épreuves.

508 — L'Arithmétique, — La Grammaire, — La Musique, — La Rhétorique. Quatre pièces, figures allégoriques de femmes en costume du règne de Louis XIII. Très belles épreuves.

509 — L'Aage d'erain, — L'Aage de fer, — L'Aage d'argent. Trois pièces, figures allégoriques de femmes en costume du règne de Louis XIII. Très belles épreuves.

510 — Innocence, — Adolescence. Deux pièces gravées par Humblot. Très belles épreuves.

511 — Humilité, — L'Oraison, — Le Jeusne, — L'Aumosne. Quatre pièces, costumes de femmes, règne de Louis XIII. Très belles épreuves.

512 — La Fileuse, — La Joueuse de guitare, etc. Trois pièces, costumes de femmes du règne de Louis XIII. Belles épreuves.

513 — Portraits de femmes, représentées sous des figures allégoriques, costumes du règne de Louis XIII. Quatre pièces. Très belles épreuves.

LE BLOND ET **GUERINEAU** (excudit)

514 — La Poésie, — La Musique, — L'Arithmétique, — L'Astrologie, — La Rhétorique, — La Grammaire. Six pièces, figures allégoriques de femmes en costume du règne de Louis XIII. Très belles épreuves.

LE BLOND(HUART ET **MARIETTE** (excudit)

515 — Le Goust, — L'Attouchement, — L'Hyver, — L'Automne, — Le Midy, — L'Eau, etc. Sept pièces, costumes de femmes Louis XIII, gravées par Falck, G. de Gheyn, Daret, etc. Très belles épreuves.

LE BRUN (G.)

516 — Le Matain, — Le Midy, — L'Aprest-Disnée, Le Soire. Suite de quatre pièces in-folio en largeur, très intéressantes comme costumes et mœurs de la jeunesse de Louis XIV. Publiées chez Fr. Mazot. Superbes épreuves. Très rares.

LE BRUN (d'après)

517 — Le divertissement de la nuit, — La Récréation du soir, — La Toilette du midy. Le Repas du matin. Suite de quatre pièces gravées par Dambrun. Superbes épreuves, grandes marges.

LE CLERC (Sébastien)

518 — La Galerie de l'hostel royal des Gobelins. In-4° en largeur. Très belle épreuve.

LE CLERC (d'après)

519 — Le Jeu de l'escarpolette, par Deny. Belle épreuve.

520 — Costumes de femmes vers 1785. Trois pièces in-8°, gravées par Pierre Gleich, une est double. Quatre pièces. Très belles épreuves imprimées en sanguine.

LE CLERC (A Paris, chez J.)

521 — Le Pourtraict de l'homme de bien, — Le Pourtraict de l'homme du temps. Deux pièces avec bordures et sonnets. Belles épreuves.

LÉLU (P.)

522 — Attitudes de danse exécutées à l'Opéra par le s^r Dober-
valet Mlles Guimard et Allard en 1779. Très belle épreuve
en couleur.

LE MIRE

523 — L'heureuse Rencontre, — Le Français à la découverte.
Deux pièces publiées chez Crépy. Très belles épreuves,
toutes marges.

LE PEINTRE (d'après Ch.)

524 — La Cage symbolique, par Fessard. Très belle épreuve.

LE POTRE (J.)

525 — Les Dolens et mal mariez à la rue de l'Arbre-Sec.
Pièce satyrique sur les mariages mal assortis. Très belle
épreuve.

LE PRINCE (d'après)

526 — The pleasures of solitude, — The Welcome Necos. Deux
pièces faisant pendants, gravées en couleur par L. Marin.
Très belles épreuves.

LEVACHEZ

527 — Costumes modernes français et anglais, d'après Carle
Vernet, en couleur. Superbe épreuve avec marge. Rare.

LIOTARD ET BOUCHER (d'après)

528 — Dames de Constantinople. Deux pièces gravées par
Reinsperger et F. Ravenet. Belles épreuves.

DE LOISY

529 — Le Printemps, — L'Hiver. Deux pièces, costumes de
femmes. Belles épreuves.

LONGUEUIL (J. DE)

530 — Vue du décintrement du pont de Neuilly, fait en présence du roi, le 22 septembre 1772, d'après J. F. de Saint-
Far. Très belle épreuve avant que la planche ait été ré-
duite et avec l'encadrement, marge.

LOUTERBOURG (d'après)

531 — Premier Recueil de modes et habits galans de différents pays. Six pièces gravées par Foulquier. Belles épreuves.

MALLET (d'après)

532 — La Leçon maternelle, par Mathey. Très belle épreuve.

MALLERY (C. DE)

533 — Histoire du Ver à soie. Suite de six pièces in-4, en largeur, d'après J. Stradan. Très belles épreuves.

MARIETTE (A Paris, chez J.)

534 — Costumes de théâtre, suite de vingt pièces, imprimées à quatre sur une même feuille, gravées dans le goût de B. Picart. Très belles épreuves, marges.

MARIETTE ET LEBLOND (excudit)

535 — La Toilette, — La Brodeuse, — Jeune Femme jouant du clavecin, etc. Six pièces, Costumes de femmes de l'époque de Louis XIII. Deux sont gravées par Michel Lasne. Très belles épreuves.

536 — Armide, — Doralice, — Dorinde, — Galatée, — Léonide, — Partenice, — Olinpe Marfize, etc. Quinze pièces très intéressantes représentant des portraits de femmes de l'époque de Louis XIII, sous des figures allégoriques. Très belles épreuves.

MARTINET (A Paris, chez)

537 — Costumes militaires, — Troupes françaises, et costumes divers. Dix-sept pièces.

538 — Costumes de la Galerie Théâtrale. Seize pièces.

539 — Armée des souverains alliés, année 1814, suite de six pièces en couleur. Très belles épreuves. Rares.

540 — Galerie théâtrale, costumes d'acteurs et d'actrices, publiés vers 1815. Soixante-huit pièces. Très belles épreuves.

MARTINET (A Paris, chez)

541 — Galerie théâtrale, costumes. Soixante-quatre pièces.

542 — Rébus. Trois pièces coloriées, marges.

MARTINET (Chez) et GATINE

543 — Costumes suisses-allemands, — Costumes de divers pays, gravés par Gatine, d'après Lanté, etc. Quarante et une pièces. Très belles épreuves.

MARTINI et LE BAS

544 — Première et Deuxième vues de l'Ile Barbe à Lyon, d'après Olivier. Deux pièces faisant pendants. Très belles épreuves avant la lettre, marges.

MARTINI (P.-A.)

545 — Exposition au Salon du Louvre en 1787. Très belle épreuve.

546 — The exhibition of the Royal Academy, 1787, d'après Ramberg. Très belle épreuve.

MATHAM (J.)

547 — Les Suites de l'ivresse, suite de quatre estampes dont nous n'avons que trois (B. 55-58). Belles épreuves.

548 — Le Tableau de Cèbes, dans lequel, suivant l'idée de ce philosophe, l'on a représenté d'une manière allégorique tout ce qui arrive à l'homme depuis son entrée dans la carrière de la vie, jusqu'à ce qu'il soit parvenu par des chemins difficiles, au séjour de la suprême félicité, etc. Composition riche de plus de cent figures, gravée sur trois planches, d'après Goltzius (B., 139). Très belle épreuve. Rare.

549 — Cléôpâtre venant à la rencontre d'Antoine sur un vaisseau richement orné. Composition d'un grand nombre de figures. Grande pièce en trois morceaux, d'après Sébastien Vranck (B., 226). Très belle épreuve.

MAJOR

550 — Les Saisons, suite de quatre pièces, d'après Ferg. Belles épreuves.

MERLIN (A Paris, chez)

551 — La Triomphante entrée du roy et de la reyne dans Paris, le 26 d'aoust 1660. Pièce en trois feuilles avec bordure et légende. Très belle épreuve.

MICHEL (J.-B.)

552 — Le *Diable à quatre*, opéra comique, d'après Chevallier. Belle epreuve.

MONDHARE (A Paris, chez)

553 — *Michu*, de la Comédie-Italienne, in-4 en couleur. Très belle épreuve, marge.

MONDHARE ET DAUMONT (Chez)

554 — Retour de l'Enfant prodigue à la maison paternelle. Composition de cinq figures dans une bordure ornementée pour modèle de tapisserie. Grand in-fol. en largeur, coloriée.

555 — Le Matin, — Le Soir. Deux compositions dans des bordures ornementées pour modèles de tapisseries. Grand in-fol. en largeur. Coloriées.

556 — Chasse au cerf. Composition de trois figures à cheval, dont deux représentent Louis XV et Mme Dubarry, Dans une bordure ornementée avec fleurs de lis. Grand in-fol. en largeur, coloriée.

557 — La Toilette galante, — Hommages rendus à l'Amitié. Deux compositions dans des bordures ornementées pour modèles de tapisseries ou dessus de portes. Grand in-fol. en largeur, coloriées.

MONDON (d'après)

558 — Le Théâtre de la vie humaine représenté par des singes, inventés et dessinés par Mondon, dessinateur du roi. Suite de dix pièces. Très belles épreuves, coloriées.

MOREAU (J.-M.)

559 — Décoration du sacre de Louis XVI, roi de France et de Navarre, à Reims, le 11 juin 1775. Très belle et ancienne épreuve.

MOREAU (d'après)

560 — Déclaration de la Grossesse par Martini, — Les Précautions, par Martini, — J'en accepte l'heureux présage, par Trière, — N'ayez pas peur, ma bonne amie, par Helman, — C'est un fils, Monsieur, par Baquoy et Patas, — Les délices de la maternité, par Helman, — L'Accord parfait, par Helman, — Le Rendez-vous pour Marly, par Guttemberg, — Les Adieux, par de Launay, — La Rencontre au Bois de Boulogne, par Guttemberg, — La Dame du Palais de la Reine, par Martini.

Suite complète de douze pièces formant la seconde suite d'estampes pour servir à l'histoire des modes et du costume en France dans le XVIIIe siècle (année 1776). Paris, de l'imprimerie de Prault, 1777. En résumé, cette suite se compose du titre indiqué, deux feuilles pour le discours préliminaire et le privilège, et une feuille de texte avec bordure ornementée pour chaque planche. Ensemble, douze gravures, quatorze feuilles de texte et le titre. Les épreuves sont superbes avec les lettres A. P. D. R. et ont de grandes marges. Très rares en aussi belle condition.

MULLER (J.)

561 — Le Festin de Balthasar. (B., 1.) Très belle épreuve, plus la même composition gravée en contrepartie par J.-C. Visscher. Deux pièces.

562 — Jean de Leyden. (B., 24.) — Bernard Knipperdolling. (B., 25.) Deux portraits in-fol. Belles épreuves.

NAUDET (A Paris, chez)

563 — La Désolation des Filles de joye, 1778. Pièce gravée à l'eau-forte. Superbe et rare épreuve avant toutes lettres. Marge.

564 — Le Vice forcé dans ses retranchements, 1778. Belle épreuve.

NEWTON (R.)

565 — A brace of Brimstones. Pièce curieure, en couleur. Très belle épreuve.

OORT (d'après ADAM VAN)

566 — Costumes des nobles habitants Allemands, Belges, Italiens et Flamands. Quatre pièces. Très belles épreuves.

PARVILLÉE (A Paris, chez)

567 — Le Cabaret de Ramponneau. En bas, dans un médaillon, son portrait. Très belle épreuve.

PASSE (S. DE)

568 — Les Sens, suite de cinq pièces, représentés par cinq portraits de femmes en riches costumes du XVIe siècle. Belles épreuves.

PASSE (S. DE) ET VAN SIGHEM

569 — Portraits en pied des Princes de la maison d'Autriche, rois d'Espagne, et personnages célèbres du XVIe siècle. Seize pièces. Très belles épreuves avant le texte au verso.

570 — Portraits en pied et équestre de personnages et princes de la même époque. Quatorze pièces. Très belles épreuves.

PASSE (CRISPIN DE)

571 — Lazare à la porte du mauvais riche, — La Mort du mauvais riche. Deux pièces. Très-belles épreuves.

572 — Neuf des mois de l'année, représentés en sujets allégoriques de forme ronde. Belles épreuves.

PASSE (Crispin de)

573 — Les quatre Ages de la vie. Suite de quatre pièces en largeur. Très belles épreuves.

574 — Les Sens, — Fêtes champêtres, etc. Six pièces. Très belles épreuves.

575 — Les Sens. Quatre pièces en largeur. Très belles épreuves.

576 — Les Ages de la vie. Suite de dix pièces de forme ronde. Très belles épreuves.

577 — Les Muses. Suite de neuf pièces en forme ronde. Très belles épreuves.

578 — L'Odorat, — Le Goût, — L'Ouïe et le Toucher. Quatre pièces. Belles épreuves.

579 — La bonne Aventure, — Le Cornard, etc. Quatre pièces. Scènes de mœurs. Belles épreuves.

580 — *Academia sive speculum vitæ Scolasticæ.* Suite de six pièces. Belles épreuves.

581 — Gostumes. Scènes de mœurs, etc. Dix-huit pièces. Très belles épreuves.

582 — Costumes, scènes de mœurs et allégories. Quinze pièces. Très belles épreuves.

583 — Amusements de seigneurs et dames au XVIe siècle. Dix pièces. Belles épreuves.

584 — La Vue, — L'Odorat, — Le Goust, — L'Air, — La Terre, — Les Ages, etc. Dix pièces. Très belles épreuves.

585 — Le Mauvais riche à table, — Pièces de l'histoire de l'Enfant prodigue, — Scènes de mœurs, etc. Seize pièces. Très belles épreuves.

586 — La Diseuse de bonne Avanture, — Différents Jeux, etc. Six pièces. Belles épreuves.

PATER, BOUCHER et LANCRET (d'après)

587 — Le petit Chien qui secoue de l'argent et des pierreries,
— Le Baiser rendu, — La Courtisane amoureuse, —
Les Rémois, — La Jument du compère Pierre, — Le
Faiseur d'oreilles et le Raccomodeur de moules, d'après
Cochin. Sept pièces, réductions in-8, des *Contes de La
Fontaine*. Belles épreuves.

PETITOT (d'après)

588 — Sacerdotesse à la Grecque, — L'Auteur des figures à
la Grecque, — Bergère à la Grecque, — Berger à la
Grecque, — La Vivandière à la Grecque, — Grenadier à
la Grecque. Six pièces gravées par Bossi. Belles épreuves.

PICART (B.)

589 — Le Jeu de l'ombre. Très belle épreuve.

590 — *A l'ombre des bosquets dans un beau jour d'été.* Pièce
très curieuse sur les mœurs et costumes du règne de
Louis XIV. Superbe épreuve. Marge.

591 — Monument consacré à la postérité en mémoire de la
folie incroyable de la XXe année du XVIIIe siècle. In-fol.
en largeur. Très belle épreuve.

PINELLI

592 — Interno diuna Osteria di Roma al Monti. Pièce en couleur. Très belle épreuve. Rare.

PONCHET

593 — L'aimable Pétulante. Pièce imprimée en sanguine.
Belle épreuve.

QUEVERDO (d'après)

594 — Les Charmes du printemps, — Les Amusements de
l'Hiver, — Les Plaisirs de l'Automne, — Les Agréments
de l'Été. Suite de quatre pièces gravées par Dambrun.
Superbes épreuves, avec marges.

QUEVERDO (d'après)

595 — Étrennes galantes des promenades et amusements de
Paris et de ses environs. Suite de douze pièces et un
titre pour un Almanach de poche en 1781. Les sujets représentés sont : Contrat de mariage, Promenade de
Longchamps, Vendanges de Vanvres, Fêtes de Saint-
Cloud, Marrons et Desserts, Grands Boulevards, Variétés
amusantes, Salon du Louvre, Champs-Élysées, Palais-
Royal, Fêtes de Sceaux, Académie de jeux. Très belles
épreuves.

READ (W.)

596 — Morning Walking and reding dresses, — Evening full
dresses. Deux pièces. Belles épreuves. Marges.

RÉVOLUTION (Pièces de l'époque de la)

597 — Voilà le costume désiré, — Jeune militaire faisant
danser une jeune fille. Deux pièces coloriées. Très belles
épreuves.

ROUSSELET

598 — Mercure, représenté sous la forme d'un jeune homme
en costume Louis XIII. D'après Huret. Très belle
épreuve.

ROWLANDSON

599 — Intrusion on study or the painter disturbed. Jolie
pièce en couleur. Très belle épreuve. Rare.

600 — A Kick up at a hazard table. Grande pièce en couleur.
Très belle épreuve. Rare.

601 — Traffick. Pièce en couleur. Très belle épreuve.

602 — O Tempora, o Mores! Pièce en couleur. Très belle
épreuve. Rare.

603 — Lust and avarice, — Liberality and desire. Deux
pièces en couleur, faisant pendants. Très belles épreuves,
marges.

LA RUELLE (d'après Cl. DE)

604 — Pompe funèbre de Son A. le duc de Lorraine, Charles III, 1608. Trente et une pièces gravées par Brentel et autres. Très curieuses au point de vue du costume et des scènes observées à cette cérémonie. Très belles épreuves.

SADELER (J.)

605 — L'Ouïe, — Le Toucher, — La Luxure, — Leçon de musique, etc. Sept pièces. Très belles épreuves.

606 — Festin des Dieux, — Des Amants à table avec leurs maîtresses. Deux pièces faisant pendants, d'après Th. Bernard. Très belles épreuves.

SADELER (R. ET J.)

607 — Un Bal, — l'Avarice et l'Orgueil. Deux pièces d'après Iodocus a Winge. Très belles épreuves.

608 — Allégories sur la Mort et le Mariage, — Danse au cabaret. Quatre pièces d'après Stradan et autres. Très belles épreuves.

SAENREDAM (J.)

609 — Des jeunes gens méprisant les avis d'un philosophe qui leur parle de la fenêtre de son cabinet (B., 8). Très belle épreuve.

610 — Les Vierges folles (B., 6), — Un Fou tenant une marotte (B., 103), — La Diseuse de bonne aventure, etc. Quatre pièces. Belles épreuves.

611 — Les Quatre parties du jour. Suite de quatre estampes (B., 91-94). Très belles épreuves.

612 — Hérodiade dansant en présence d'Hérode, d'après K. van Mander (B., 112). Très belle épreuve.

SAINT-AUBIN (d'après Aug. DE)

613 — The place to the first occupier (La Place est au premier occupant). Gravé en couleur par Sergent. Très belle épreuve.

SAINT-AUBIN (d'après Aug. de)

X 614 — Habillements à la mode de Paris en l'année 1764. Suite de six planches gravées en imitation de sanguine. (E. B., 383-388). Très belles épreuves, grandes marges.

SAINT-AUBIN (Aug. de), d'après?

615 — Troisième cahier de petites modes. Suite de six pièces gravées à la sanguine, publiées chez la Veuve Chereau. Très belles épreuves.

SAINT-AUBIN, DESRAIS et WATTEAU (d'après)

616 — Habillements à la mode, suite de quatorze pièces in-18. Très belles épreuves. Rares.

SAINT-JEAN (J.-D. de)

617 — Femme de qualité, déshabillée pour le bain, — Femme de qualité en déshabillé, reposant sur un lit d'Ange, — Femme de qualitez à sa toilette, — Femme de qualité, sollicitant un juge, — Femme de qualitez, en robe de chambre, se disposant à jouer, — Femme à la mode. Six pièces. Costumes et intérieurs de l'époque Louis XIV, in-fol. en largeur. Très belles épreuves. Rares.

618 — Le Roy, — La Reyne, — Monseigneur le Dauphin, — Monsieur, — Madame. Cinq portraits in-fol. en pied, très intéressants comme costumes. Très belles épreuves.

619 — Femme de qualité, déshabillée pour le bain. Gravé par N. Bazin. Très belle épreuve.

620 — Le Roy, — La Reyne, — Madame, — Madame la Dauphine, — Monseigneur le Dauphin, — Suite de cinq pièces in-fol. Très curieuses pour les costumes. Très belles épreuves, marges.

SALM (A.)

621 — Habiti d'Italia, — Habiti di Francia, — Habiti di Moscovia, — Habiti della Spagna, — Habiti orientali, — Habiti d'Ongaria, — Habiti d'Inghilterra, — Nobile Veneta, — Habiti di Germania. Suite de neuf pièces in-8. Très belles épreuves avec marges.

DU SART (C.)

622 — La Fête de village (B., 16). Belle épreuve.

SAVAGE (excudit)

623 — Jeune mère avec sa fille. Deux compositions différentes, en manière noire. Belles épreuves.

SCHENAU

624 — Achetez mes petites eaux-fortes. Suite de six pièces. Belles épreuves.

SCHENAU (d'après)

625 — La Naissance de l'Amour, par R. Gaillard. Belle épreuve.

626 — La Mort du grand-père. Composition de onze figures, en hauteur. Très rare épreuve à l'état d'eau-forte.

SELLAR

627 — Décoration du Seigneur du village, d'après le chevalier Fouré. Très belle épreuve.

SERGENT (A.)

628 — The Magnetism (Le Magnétisme), — The Day's folly (La Folie du jour). Deux pièces en couleur de forme ronde, faisant pendants. Très belles épreuves.

SERGENT

629 — Mgr le Duc de Chartres et M. le Duc de Fitz James signent le procès-verbal qui constate l'arrivée de MM. Charles et Robert dans la prairie de Nesle, in-8. Superbe épreuve, marge.

SOLIS (V.)

630 — Les Danseurs. Huit pièces. Très belles épreuves.

631 — Frises avec combats et exercices militaires. Quatre pièces. Belles épreuves.

TAUNAY (d'après)

632 — Foire de Village, gravé en couleur par Descourtis. Très belle épreuve du premier état, avec les armes.

TAVERNIER (Chez Mél.)

633 — Le Mardi-Gras, — Le Carême prenant. Deux pièces faisant pendants. Belles épreuves.

TIEPOLO (d'après D.)

634 — La Ricreazione. Pièce in-fol. en largeur. Belle épreuve.

TOWNLY (G.)

635 — Amaryllis. Jolie pièce en couleur. Très belle épreuve, marge.

636 — Savoir vivre — sans six sous, — Savoir vivre — sans souci. Deux pièces faisant pendants. Très belles épreuves.

DE TROY (d'après)

637 — Frère Blaise Feuillan, par B. Audran. Belle épreuve.

ULRICH (H.)

638 — Exercices militaires, costumes du xvie siècle. Suite de dix pièces. Très belles épreuves. Rares.

639 — Exercices militaires, costumes du xvie siècle. Six pièces. Belles épreuves.

VALRAN (Chez P.)

640 — Les Sibyles, — Le Mausolée d'Artemise, — Murs de Babylone, — Le Colosse de Rhodes. Six pièces. Très belles épreuves.

VELDE (J. Van)

641 — Foires et fêtes hollandaises. Suite de sept pièces en forme de frises, très curieuses pour les costumes. Belles épreuves.

VELDE (J. Van) et ISELBURG (P.)

642 — Fête de village, — Le départ de l'Enfant prodigue, — L'Etoile des Rois, etc. Quatre pièces. Très belles épreuves.

VERNET (d'après H.)

643 — Merveilleuses et Incroyables, gravés par Gatine, en couleur. Numéros 2, 8, 10, 11, 13, 16, 17, 19, 24, 31, plus deux numéros doubles. Douze pièces. Très belles épreuves.

VERNET (C.)

644 — Les cris de Paris. Suite de soixante-six pièces coloriées. Très belles épreuves, marges.

VERNET (d'après C.)

645 — Le coureur Eclypse, cheval de course, en couleur. Très belle épreuve, sans marges.

646 — Les apprêts d'une course, — Les Jockeys montés. Deux pièces gravées par Darcis. Belles épreuves, avec marges.

647 — Les Gastronomes sans argent, — Les Gastronomes en jouissance. Deux pièces gravées par Commarieux et Coqueret, coloriées.

648 — Costumes militaires de Cavaliers français et étrangers. Cinq pièces gravées en couleur par Debucourt et autres. Très belles épreuves, montées en dessin.

649 — La Frileuse, par Schenker. Epreuve avant toutes lettres.

VERNET (C.) et FINART

650 — Cheval Normand, — Cheval Persan, — La Lilly, — Cheval Limonier, — Jazal, etc. Six pièces coloriées Belles épreuves.

VIERO (TH.)

651. — Raccolta di Stampe, che representana figure ed abiti di Varie Nazioni, secondo gli originali, e le descrizioni dei piu celebri recenti Viaggiatori, e degli scapritori di Paesi nuovi. Soixante-six pièces. Très belles épreuves, marges.

VISSCHER (J.-C.)

652. — Chasses. Suite de dix pièces avec titre, en forme de frises, d'après David Vinkenboons. Très belles épreuves.

653 — La vie de l'Enfant prodigue, d'après D. Vinkenboons. Suite de quatre pièces in-fol. en largeur. Superbes épreuves, marges.

WAEL (J.R. DE)

654 — Histoire de l'Enfant prodigue. Suite de cinq pièces gravées à l'eau-forte, d'après C. D. Wael. Très belles épreuves.

WAEL (C. DE)

655 — Les Sens. Suite de cinq pièces gravées à l'eau-forte. Très belles épreuves.

WATTEAU (ANT.)

656 — Figures de Modes. Suite de sept estampes, dessinées et gravées à l'eau-forte par Watteau ; le titre gravé par Thomassin. (R. D., 3-9.) Très belles épreuves, marges.

WATTEAU (d'après ANT.)

657 — La Famille, par P. Aveline. Tres belle épreuve, grande marge.

658 — L'Occupation selon l'âge, par Dupuis. Superbe épreuve, marge.

659 — La Partie Quarrée, par J. Moyreau. Très belle épreuve.

660 — La Perspective, par Crepy. Très belle épreuve.

661 — Les Plaisirs de l'Été, par V. M. Picot. Très belle épreuve.

WATTEAU (d'après ANT.)

662 — *Sous un habit de Mezetin,* — Le Conteur, etc. Trois pièces gravées par Thomassin, Cochin et Surugue. Belles épreuves.

663 — La Sultane, par B. Audran. Belle épreuve...

664 — Costumes gravés par Jeaurat et Thomassin. Trois pièces. Très belles épreuves, marges.

665 — Estampes d'après les dessins de Watteau, gravées par Cochin, Boucher, B. Audran, etc. Onze pièces. Très belles épreuves.

WATTEAU (d'après L.)

666 — Entrée de M. Blanchard et du chevalier Lepinard, cinq jours après leur ascension Aérostatique dans la ville de Lille, le 26 août 1785. Gravé par Helman. Très belle épreuve, marge.

667 — La Quatorzième expérience aérostatique de M. Blanchard...., faite à Lille en Flandre, le 26 août 1785. Gravé par Helman. Très belle épreuve, marge.

WIERIX (J.)

668 — La Mort Subite (Al. 1190). Dans cette estampe on voit l'artiste assis à une table, vers la gauche. Belle épreuve. Très rare.

669 — Le Sorcier, — L'Arracheur de dents, — La Conversation, — La Fileuse, — Le Pêcheur, — Les Caresses, — Le Pot au Feu, — Jeune Femme sur un lit avec un Vieillard, — Un Homme et une Femme assis en face l'un de l'autre. Neuf pièces de forme ronde. Al., 1538-1544. Deux ne sont pas décrites.

WIGSTEAD

670 — Une Servante présentant à son maître un petit cochon sur un plat. Pièce coloriée. Belle épreuve.

WILLE (d'après P.-A.)

671 — Cahier de Jeux d'enfants. Six pièces gravées à la sanguine. Très belles épreuves, marges.

WILL (Mart.) excudit

672 — Pièces satyriques sur Arlequin, et autres. Quatre
pièces. Belles épreuves.

LIVRES

673 — **Bianchi.** — Costumes napolitains. Suite de vingt-
cinq planches d'après d'Anna, en 1 vol. in-fol., mar. vert.

674 — **Devere.** — Collection de costumes espagnols anciens
et modernes, représentés en soixante-douze gravures
enluminées. Paris, chez Gauguery, 1791. 1 vol. in-fol.,
cart., manque deux planches.

675 — **Eyriès** (J.-B.-B.). — La Suisse, ou Costumes, Mœurs
et Usages des cantons suisses. Suite de gravures coloriées ; avec leurs explications. Paris, librairie de Gide,
fils. 1 vol. grand in-8, cart., fig. coloriées.

676 — **Greeven** (H.). — Collection des costumes des pro-
vince septentrionales du Royaume des Pays-Bas, dessinés
d'après nature par H. Greeven et lithographiés par Val-
lon de Villeneuve. Amsterdam et Paris, 1826. Suite de
vingt pièces en 1 vol. grand in-4°, cart., fig. coloriées.

677 — **Lanté** (D'après). — Galerie Française de femmes célèbres par leurs talents, leur rang ou leur beauté. Portraits en pied, dessinés par M. Lanté, la plupart d'après
des originaux inédits, gravés par M. Gatine, et coloriés
avec soin ; avec des notices biographiques et des remar-
ques sur les habillements ; ouvrage édité par M. de la
Mésangére. A Paris, chez Le Roi, 1841. 1 vol. in-fol.,
contenant soixante-dix planches. Très bel exemplaire,
complet.

678 — **Lanté** (D'après). — Costumes de différents pays. Suite de quatre-vingt-quinze pièces, gravées par Gatine, en 1 vol. in-fol., demi-rel., fig. coloriées. Très rare exemplaire avant la lettre et les numéros.

679 — **Lenglumé** (Lith. de). — Costumes Grecs et Égyptiens. Seize pièces en 1 vol. in-fol., cart., coloriées.

680 — **Marino** (P.). — Collection de costumes Tyroliens, lithographiées d'après les dessins faits sur les lieux et publiés par P. Marino. Paris, 1 vol. grand in·4°, cart., fig. coloriées.

681 — **Raffet.** — Collection de costumes militaires de l'armée, de la marine et de la garde nationale Françaises, depuis août 1830. Ouvrage colorié avec le plus grand soin. Paris, 1833. 1 vol. in-fol., cartonné.

682 — **Viero** (Theodorum). — Portraits de Nobles, Bourgeois et Artisans de la Noble République de Venise, au XVIIIᵉ siècle. Trente-huit pièces en 1 vol., cartonné. Très belles épreuves.

683 — **Vrient** (J.-B.). — Les Généalogies et anciennes descentes des forestiers de comtes de Flandres, avec brièves descriptions de leurs vies et gestes. Le tout recueilly des plus véritables, approvées et anciennes Croniques et Annales qui se trouvent, par Corneille Martinus, Zelandoys. Et ornées de Portraits, figures et habitz selô les facons et genres de leurs temps, ainsi quelles ont esté trouvées, es plus anciens tableaux, par Pierre Balthasar et par luimesme mises en lumière. En Anvers, chez Jean-Baptiste Vrient, 1590. Dans le même volume : *Regum fracorum imagines quam proxime fieti potuit, ad vivum expressae... Lugdini, apud Balthazarem Arnolletum*, 1554. Figures gravées par le maître au monogramme C. C. 2 tomes en 1 vol. in-4°, veau.

Paris. — Imprimerie Pillet et Dumoulin, 5, rue des Grands-Augustins.

www.ingramcontent.com/pod-product-compliance
Ingram Content Group UK Ltd.
Pitfield, Milton Keynes, MK11 3LW, UK
UKHW020335130726
13696UKWH00003B/1371